勝てる！強くなる！ 強豪校の部活練習メニュー

# バドミントン

埼玉栄中学・高等学校
バドミントン部監督
**名倉康弘** 監修

金の星社

# はじめに

　バドミントンは、現在、多くの人に親しまれており、手軽に始めることができるスポーツとして人気があります。ラケットとシャトル、最低限2人の人数がそろえば、バドミントンのゲームができます。初めてラケットを握った人もすぐに打ち合え、楽しむことができるスポーツです。自分の力や年齢に応じたプレーをすれば、いくつになっても楽しめます。
　そんなバドミントンを生涯スポーツとして楽しんでもらうため、学校の部活動で基本技術をしっかりと身につけられることに焦点をあてて、本書を作成しました。
　今回、この本で取り上げているものは、バドミントンを始める最初の段階で知ってほしいことばかりです。とりわけ、ラケッ

トの握り方や、ストローク、フットワークの基本を正しく習得するための練習内容にしています。なぜなら、最初の段階でこれらの基本を間違えておぼえてしまうと、その後の技術の向上に大きな支障が出てくるからです。始めたばかりの時期が一番大切なのです。

　手軽さが魅力のバドミントンですが、基本技術を習得するには、多少時間がかかります。体におぼえこませるまで、焦らず、根気強く、正確に技術の習得に取り組んでください。

　正しい技術を身につけ、生涯スポーツとしてのバドミントンを楽しんでもらうために、少しでもこの本を役立てていただけると幸いです。

# 本書の使い方
## 効果的な練習方法を知ろう

本書では、中学バドミントンの強豪校が実際に取り入れている練習を、写真やイラストを使ってわかりやすく解説している。ここで本書の約束事を確認してから練習に移ろう。なお、**コートの各部名称や、知っておきたい用語はP.124〜125を参照しよう。**

※ 本書は右ききを基本とした解説になっている。

**テクニック名・練習名**
このページで解説されているテクニックや練習の名前。

**ビジュアル**
どんなテクニックなのか、写真や図を使ってわかりやすく解説。体の動きやシャトルの動きなどは、矢印を使ってイメージしやすくしている。

### 矢印や図の種類

- ➡ 足や手、体の動き、ラケットを動かす方向
- ╌➡ 目線の方向
- ➡ シャトルの動きの方向
- ○ テクニックや練習などの注目ポイント
- 👥 選手に見立てたマーク
- 🟡 鍛えている体の部位

---

**16 ネットプレー**

ネット際に来た球を、もう一度相手のネット際に返す

# ヘアピン

ネット際に打たれた球を、相手のコートのネット際に返すショット。上手に打って、相手のショットをネットに引っかけさせるか、うしろに上げさせよう。

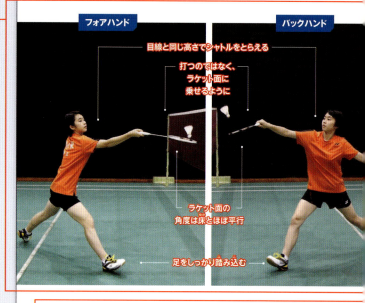

**フォアハンド** / **バックハンド**

- 目線と同じ高さでシャトルをとらえる
- 打つのではなく、ラケット面に乗せるように
- ラケット面の角度は床とほぼ平行
- 足をしっかり踏み込む

ヘアピンはシャトルを"打つ"のではなく、"乗せて押す"イメージで打つ。なるべく高い打点で打つと、何を打つか相手がわかりにくくなり、相手の対応時間も奪う。なるべくシャトルがネットから浮かないようにし、相手のネット際に落ちるようにする。

ヘアピンの基本的な軌道

**テクニックの内容**
どんなテクニックなのか、どんなときに使うのか、どう試合に役立つのかを具体的に解説。

## 段階別のトレーニングメニュー

そのテクニックがうまくできるようになるための練習方法を、2～3の段階で解説。STEP1ができるようになったら、STEP2を練習する。少しずつ上達していく実感が持てるはずだ。

## ポイント

練習で気をつけることやコツなど、大事なことが書かれている。

**人数** 練習に最低限必要な人数
人数には、練習する人以外に球出しする役や練習相手をふくむ。

**回数** 練習回数の目安

**道具** 練習に必要な道具
ほとんどの練習メニューでラケットを使うため、ラケットの表記は省略している。

**コート** 練習に必要なコートの広さ
**距離** 練習で移動する距離
**時間** 練習の所要時間

## やり方

練習の仕方や体の動かし方を、順を追って解説。

### STEP1 手投げノック

右足はシャトルの方向に向け、体の正面で打つ。写真のようにひじや手首が曲がると、打点が下がってしまうので注意。

| 人数 | 2人 | 回数 | 50回 |
| 道具 | シャトル | 時間 | 5分 |

**Point 正しいフォームをおぼえる**

1 球出し役はネット越しに立ち、シャトルを練習者のフォア側へ投げる。
2 練習者は、ショートサービスライン付近から右足を出し、フォアハンドでヘアピンを打つ。
3 バック側も同じように練習する。慣れてきたらフォアとバックを交互に打つ。

### STEP2 ショートサービスライン前で打ち合い

ショートサービスラインより前でヘアピンを自由に打ち合う。

| 人数 | 2人 | 回数 | 自由 |
| 道具 | シャトル | 時間 | 5分 |

**Point 自由に打って基本をチェック**

1 2人1組で、ネットをはさんで向き合う。ショートサービスライン内でヘアピンを自由に打ち合う。
2 同じフォームのままで、手首を使ってコースを打ち分けることを心がける。
3 打つときは右足を1歩前に出し、打ったらうしろに戻ると練習効果が上がる。

### VARIATION スピンネットもおぼえよう

時計まわりに切る / 反時計まわりに切る

スピンをかける動作を小さくすると、シャトルが浮きにくくなる。カットのときのように切るイメージ。

ヘアピンには、ラケットをシャトルのななめ下に入れ、時計まわり、または反時計まわりにコルクを切って、シャトルに回転をかける「スピンネット」という打ち方がある。シャトルに回転がかかると、シャトルの動きが不規則になるので相手は取りにくい。
フォア側に、ストレートでとんできたシャトルには時計まわり、クロスできたシャトルには反時計まわりでコルクをこすると、スピンがかかりやすくなる。練習の合間にいろいろな切り方を試してみよう。

| 47 |

## 本書のおすすめの読み方

**❶ 自分やチームの状態を知りたいときや、弱点を克服したいときは、まずP.10を確認しよう！**

勝てる！強くなる！
練習を始める前に
**なりたい自分と弱点を知ろう**

**❷ まんべんなく知りたい人は第1章から順に読もう！**

**❸ 基本ができているなら、やりたい練習だけにチャレンジ！**

## バリエーション

段階別の練習とは別に、応用練習も紹介。段階別ができるようになったら挑戦しよう。

## ココが重要！

とくに重要な技術ポイント、マスターするためのコツを解説。

## コーチからの熱血アドバイス

補足説明、取り組むときの注意点、マメ知識などを解説。

# 目次

はじめに ……… 2
本書の使い方 効果的な練習方法を知ろう ……… 4
練習を始める前に なりたい自分と弱点を知ろう ……… 10
弱点を知って練習メニューを立てよう！……… 12

## 第1章 基本技術と練習メニュー

**基本姿勢**
- **01** フォアハンドグリップで打つ ……… 16
- **02** バックハンドグリップで打つ ……… 18

**ストロークの基本**
- **03** オーバーヘッド・ストローク ……… 20
- **04** サイドアーム・ストローク ……… 22
- **05** アンダーハンド・ストローク ……… 24

**オーバーヘッド・ストローク**
- **06** クリアー ……… 26
- **07** カット／ドロップ ……… 28
- **08** スマッシュ ……… 30
- **09** ハイバック ……… 32
- **10** ラウンド・ザ・ヘッド ……… 34

**サイドアーム・ストローク**
- **11** ドライブ ……… 36

**レシーブ**
- **12** スマッシュレシーブ ……… 38
- **13** ボディリターン ……… 40

アンダーハンド・ストローク
 **14** ロブ …… 42

ネットプレー
 **15** プッシュ …… 44
 **16** ヘアピン …… 46
 **17** クロスネット …… 48

サービス
 **18** ロングハイサービス …… 50
 **19** ショートサービス …… 52
 **20** サービスの打ち分け方 …… 54

フットワーク
 **21** シャセ（送り足）…… 56
 **22** 踏み込み足 …… 58
 **23** 前後左右のフットワーク …… 60
 **24** とっさに動けるフットワーク …… 62

**コラム** バドミントンの特性を知ろう！ …… 64

## 第2章 ゲームを想定した実戦・練習メニュー

シャトルに慣れる
 **01** 笑ってシャトルを打つ …… 66

シングルス
 **02** コート四隅に打ち分ける …… 68
 **03** 前後の動きに強くなる …… 70
 **04** 攻撃力をつける …… 72

05 守備力をつける …… 74
06 フェイント力をつける …… 76

ダブルス
07 トップ＆バックとサイド・バイ・サイド …… 78
08 フォアで打てるようにする …… 80
09 サービスと3打目で先手を握る …… 82
10 2打目と4打目で先手を握る …… 84
11 「前衛力」をみがく …… 86
12 「後衛力」をみがく …… 88
13 「守備力」をみがく …… 90
14 「攻めるきっかけ」をつくる …… 92
15 特別な状況でのゲーム練習 …… 94

コラム バドミントンの歴史を知ろう! …… 96

# 第3章 試合に勝つための作戦

試合前対策
01 試合前の練習 …… 98
02 コンディションを整える …… 100

試合直前対策
03 試合に入る前のチェック …… 102

試合中対策
04 試合中のポイント …… 104

コラム 感謝の気持ちを忘れずに …… 106

## 第4章 トレーニング

**ウォームアップ**
　01 股関節のウォームアップ …… 108
　02 全身のウォームアップ …… 110

**足腰強化**
　03 すばやく動くためのステップ …… 112

**筋力アップ**
　04 体幹の強化 …… 114

**クールダウン**
　05 全身のクールダウン …… 116

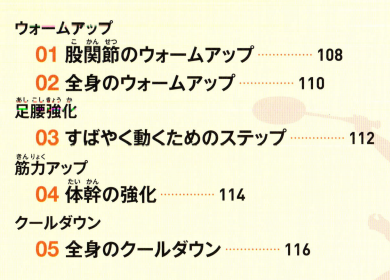

## 勝つためのチーム環境づくり

1　練習環境を十分に生かす …… 118
2　目標を設定してチーム力を上げる …… 120
3　用具をそろえて大切に使う …… 122
4　救急医療品を用意し、応急処置をおぼえる …… 123

**これだけは知っておきたいバドミントンの基礎知識** …… 124

**監修・学校紹介** …… 126

**勝てる！強くなる！**

# 練習を始める前に
# なりたい自分と弱点を知ろう

練習を始める前に、自分は何が苦手なのかを考えたり、パートナーやチームメートと弱点について話し合ったりしてみよう。それがわかれば、どんな練習をすればよいかがわかるはずだ。下の項目（こうもく）を確認（かくにん）して、自分の傾向や課題を知ったら、P.12～14を見て練習メニューを考えてみよう。

## 総合

1. どんな練習をどれくらいやればよいのかわからない。
2. 気づけば、1日中同じ練習ばかりしてしまう。
3. 強豪校（きょうごうこう）がどんな練習メニューを立てているのか知りたい。
4. 1日でどんな練習をすればよいかわからない。
5. 1週間の練習メニューの計画を立てたいけど、何から始めればよいかわからない。

### ➡ 1つ以上あてはまったらP.12の❶を見てみよう

## 攻撃力アップ（こうげきりょく）

1. スマッシュやプッシュをネットにひっかけがちだ。
2. スマッシュやプッシュが床（ゆか）と平行に近い軌道（きどう）になってしまう。
3. コート奥（おく）に打たれると、シャトルの下に早く入れず、攻撃体勢（こうげきたいせい）をつくれない。
4. フォア奥（おく）やバック奥（おく）からドロップしか打てない。
5. ローテーションの方法が分からない。

### ➡ 2つ以上あてはまったらP.13の❷を見てみよう

## 守備力アップ

1. ストレートにしかレシーブできない。
2. 相手のスマッシュやプッシュをしっかり奥まで返せない。
3. ボディまわりのレシーブが苦手だ。
4. 相手に走らされるとミスしてしまう。
5. 守りの陣形をつくる前に攻められてしまう。

➡ **2つ以上あてはまったらP.13の❸を見てみよう**

---

## トレーニング

1. 打つときに体のバランスがくずれることがある。
2. シャトルをラケットでうまくとらえられないことがある。
3. 練習中にケガをしてしまったことがある。
4. 体がかたく、思ったような動きができない。
5. すばやく動けない。

➡ **2つ以上あてはまったらP.14の❹を見てみよう**

---

1. どんな攻め方をすればよいか、ラリーの組み立てがわからない。
2. 相手に攻められたときの守り方がわからない。
3. ラリーが単調になりがちだ。
4. 試合前でも、いつもどおりに過ごしている。
5. 試合のとき、何を準備したらいいかわからない。

➡ **2つ以上あてはまったらP.14の「作戦を立てよう」を見てみよう**

**勝てる！強くなる！**

# 弱点を知って練習メニューを立てよう！

P.10～11の質問には、いくつあてはまっただろうか？　自分やチームがどんなことを苦手としているか、少しわかったのではないだろうか。ここでは、それに応じてどんな練習をすればよいか、モデルケースを紹介するので参考にしてみよう。

## 1 強豪校の練習メニューを参考にしよう

練習メニューをつくり始める際、何から始めてよいかわからないこともあるだろう。それに、強いチームがどんな練習をしているかも気になるところだ。強豪校・埼玉栄中学校の1日と1週間の練習メニューを参考にしてみよう。

### 1日の練習メニューの例

|  |  |
|---|---|
| 7:10 | 登校・着がえ・アップ |
| 7:25 | ランニング（6キロ） |
| 7:55 | なわとび（二重とび100回＋インターバル30秒）×4セット＋（二重とび200回） |
| 8:10 | クールダウン |
| 8:15 | 終了 |
| 16:10 | ウォームアップ、ステップ |
| 16:40 | フットワーク、ノック、パターン練習 |
| 18:00 | ゲーム練習 |
| 19:50 | クールダウン・片づけ |
| 20:00 | 終了 |

### 1週間の練習メニューの例（放課後）

|  |  |
|---|---|
| 月 | ノック練習（シングルス） |
| 火 | パターン練習（シングルス） |
| 水 | ノック練習（ダブルス） |
| 木 | パターン練習（ダブルス） |
| 金 | ゲーム形式（シングルス） |
| 土 | ゲーム形式（ダブルス） |
| 日 | 練習試合 |

# 2 攻撃力アップの練習をしよう

　試合に勝つためにはどこかで連続して点を取らないといけない。いかに相手を攻め、点を取っていくかが重要になる。P.10の「攻撃力アップ」で1や2があてはまったら攻めるショットをみがく練習をしよう。3や4があてはまったら、コート奥から決める練習をしよう。5があてはまったら、攻めのコンビネーションをみがく練習をしよう。

**menu A** 1や2があてはまったら…攻めるショットをみがく練習をしよう
オーバーヘッド・ストローク（P.20〜21）
➡ スマッシュ（P.30〜31）／プッシュ（P.44〜45）

**menu B** 3や4があてはまったら…コート奥から決める練習をしよう
フットワーク（P.56〜63）
➡ ハイバック（P.32〜33）／ラウンド・ザ・ヘッド（P.34〜35）

**menu C** 5があてはまったら…攻めのコンビネーションをみがく練習をしよう
トップ＆バックとサイド・バイ・サイド（P.78〜79）
➡ フォアで打てるようにする（P.80〜81）

# 3 守備力アップの練習をしよう

　勝つためには、攻められているときに点をとられないように守り、その後攻撃へと切りかえることが必要だ。P.11の「守備力アップ」で1から3があてはまったら、すばやくとんでくるシャトルを正確につかまえて、確実に返すための力をみがく練習をしよう。4があてはまったら、シャトルの下に早く入るための練習をしよう。5があてはまったら、守りのコンビネーションをみがく練習をしよう。

**menu A** 1や2や3があてはまったら…確実に返すための練習をしよう
コート四隅に打ち分ける（P.68〜69）／ボディリターン（P.40〜41）

**menu B** 4があてはまったら…早くシャトルの下に入る練習をしよう
フットワーク（P.56〜63）➡ 前後の動きに強くなる（P.70〜71）

**menu C** 5があてはまったら…守りのコンビネーションをみがく練習をしよう
トップ＆バックとサイド・バイ・サイド（P.78〜79）
➡ 「守備力」をみがく（P.90〜91）

## 4 トレーニングをしよう

速いシャトルを打つにも、コート内をすばやく動けるようになるにも、まずはバドミントンをするための体づくりが必要だ。また、ラケットを自分の体の一部のように使えるようになることも重要だ。P.11「トレーニング」で1や2があてはまったら、体幹を鍛える練習をしよう。3や4があてはまったら、体を温め、柔軟性を高めよう。5があてはまったら、すばやく動くためのステップをおぼえよう。

**menu A** 1や2があてはまったら…体幹を鍛える練習をしよう
体幹の強化（P.114〜115）

**menu B** 3や4があてはまったら…体を温め、柔軟性を高めよう
股関節のウォームアップ（P.108〜109）
全身のウォームアップ（P.110〜111）

**menu C** 5があてはまったら…すばやく動くためのステップをおぼえよう
すばやく動くためのステップ（P.112〜113）

# 作戦を立てよう

普段、試合をする機会がないと、おぼえたショットをどう使えばよいか、ダブルスだったら前衛と後衛がどう動けばよいかわからないということがあるだろう。基本的な練習に加えて、実際の試合で使える攻めや守りのパターンを繰り返し練習しておきたい。

P.11の囲みで、1や2があてはまったら練習試合をしよう。3があてはまったら、ラリーに変化をつける練習をしよう。4や5があてはまったら、本番に備える生活をしよう。

**menu A** 1や2があてはまったら…練習試合をしよう
試合前の練習（P.98〜99）

**menu B** 3があてはまったら…ラリーに変化をつける
フェイント力をつける（P.76〜77）

**menu C** 4や5があてはまったら…本番に備える生活をしよう
コンディションを整える（P.100〜101）
試合に入る前のチェック（P.102〜103）

# 第1章
# 基本技術と練習メニュー

# 01 基本姿勢

## ラケットの握り方①
## フォアハンドグリップで打つ

バドミントンがうまくなるための最初のステップは、ラケットの握り方。ここでつまずくと、次の段階へ進むのが難しい。まず正しい持ち方をおぼえよう。

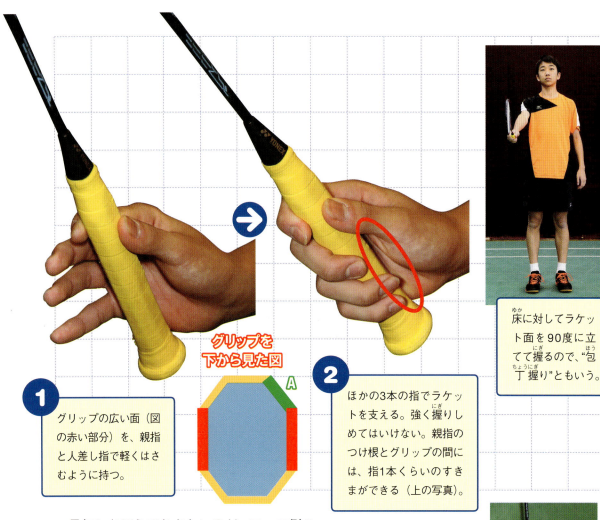

**グリップを下から見た図**

**1** グリップの広い面（図の赤い部分）を、親指と人差し指で軽くはさむように持つ。

**2** ほかの3本の指でラケットを支える。強く握りしめてはいけない。親指のつけ根とグリップの間には、指1本くらいのすきまができる（上の写真）。

床に対してラケット面を90度に立てて握るので、"包丁握り"ともいう。

最初におぼえておきたいのが、フォア側のシャトルを打つときに使う「イースタングリップ」だ。基本の握り方をおぼえたら、ラケットを振るための基本動作になる「リストスタンド」と、「回内運動」をマスターしよう。

※きき手側で打つことをフォアハンド、きき手の反対側で打つことをバックハンドという。

**ココが重要！**

親指と人差し指で「Vの字」をつくる。「Vの字」の中心線は図のAの部分にくる。

## STEP 1　リストスタンドしてかまえる

### Point 手首を起こす

1 腕とラケットがまっすぐになるように「前へならえ」の姿勢をとる。
2 腕は動かさず、手首だけを起こす。ラケットと腕の角度がほぼ90度になる。
3 このリストスタンドの状態で打つと、ラケットのヘッドスピードが上がる。軽いシャトルを軽いラケットで打つバドミントンの打ち方の基本になる。

手首を起こして打つのがバドミントンの基本。シャトルに全身の力が伝わってよくとぶ。

## STEP 2　フォアハンドでシャトルの打ち上げ

| 人数 | 1人 | 回数 | 1回 |
| 道具 | シャトル | 時間 | 5分 |

### Point リストスタンドを保つ

1 手首をリストスタンドし、ラケットを外側へねかせる。
2 リストスタンドしたまま、前腕（ひじから先の腕）を内側に動かし、自分で投げたシャトルを打ち上げる。
3 前腕を外側から内側に動かすことを「回内運動」という。

軽くて動きの速いシャトルを遠くに"弾いてとばす"ための基本動作。

## VARIATION　シャトル拾い

1 フォアハンドの正しい握り方でグリップを握る。
2 床に置いたシャトルにラケットの先端（ラケットヘッド）をそえる。
3 ラケットを床と平行に動かしながら、すばやくシャトルをすくい上げる。

フォアハンドの正しい握り方でグリップを握ることで、シャトルを床から拾うことができる。

第1章　基本技術と練習メニュー

# 02 基本姿勢

## ラケットの握り方②
# バックハンドグリップで打つ

基本となるフォアハンドグリップがわかったら、バック側に来たシャトルを打つためのグリップの握り方をおぼえよう。

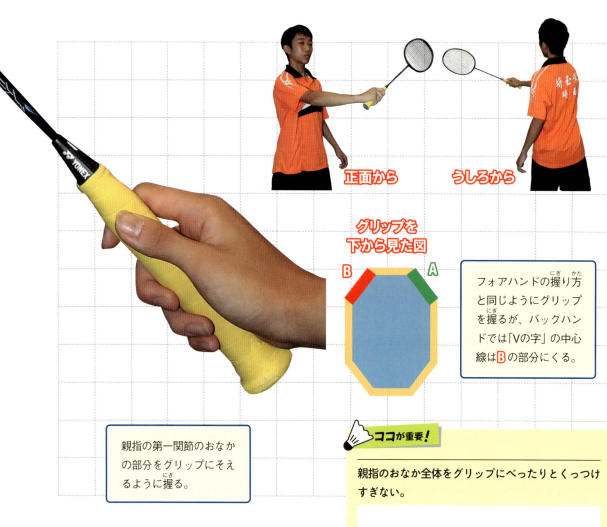

正面から　　うしろから

グリップを下から見た図

フォアハンドの握り方と同じようにグリップを握るが、バックハンドでは「Vの字」の中心線は **B** の部分にくる。

親指の第一関節のおなかの部分をグリップにそえるように握る。

**ココが重要！**

親指のおなか全体をグリップにべったりとくっつけすぎない。

　バック側に来た球を打つときは、フォアハンドグリップの握り方を基本にして、親指のおなかの部分をグリップに当てて握る。これを「サムアップグリップ」という。握り方をおぼえたら、バックハンドでラケットを振るための基本動作になる「回外運動」もマスターしよう。

## STEP 1　バックハンドでシャトルの打ち上げ

フォアと同様、シャトルを遠くに"弾いてとばす"ための基本動作。バックハンドのときに使う。

| 人数 | 1人 | 回数 | 1回 |
|---|---|---|---|
| 道具 | シャトル | 時間 | 5分 |

### Point　リストスタンドを保つ

1. 手首をリストスタンドし、ラケットを内側へねかせる。
2. リストスタンドしたまま、前腕（ひじから先の腕）を外側に起こし、自分で投げたシャトルを打ち上げる。
3. 前腕を内側から外側に動かすことを「回外運動」という。

## STEP 2　フォアとバック交互でシャトルの打ち上げ

グリップをなるべく早く握りかえること。打つ瞬間に強く指を握りしめる感覚でシャトルを弾く。

| 人数 | 1人 | 回数 | 1回 |
|---|---|---|---|
| 道具 | シャトル | 時間 | 5分 |

### Point　すばやく握りかえる

1. シャトルをフォアハンドグリップで真上に打ち上げる。
2. シャトルが落ちてきたら、次はバックハンドグリップに握りかえ、真上に打つ。
3. 次にフォアハンドグリップに切りかえ、シャトルを打ち上げる。これをできるだけ長く繰り返す。

## VARIATION　早い段階でグリップの握り方を直そう

間違えた握り方や手首の使い方をしていると、シャトルを思ったように打てない。あてはまることがあれば、早く直そう。

親指の先だけをグリップに強く当てすぎている。

手のひらでグリップを強く握り込んでいる。

リストスタンドしていない。手首がねている。

第1章　基本技術と練習メニュー

## 03 ストロークの基本

### 肩より上でシャトルを打ち返す
# オーバーヘッド・ストローク

バドミントンのストローク、つまり腕の振り方は3種類。まずショットの数が一番多いオーバーヘッド・ストロークをおぼえよう。

**1** 半身の姿勢をとる。

**2** ひじから先でスイングする。

**3** 重心を左に移しながら、頭上よりやや前の高い打点でシャトルをとらえる。

**4** 打ち終わったら、重心を左足に乗せる。

**5** 自然にラケットを振り抜く。

シャトルを打つ高さによって、ストロークは3種類にわかれる。最初におぼえたいのは、肩より上にとんできた球を打ち返すオーバーヘッド・ストロークだ。

### コーチからの熱血アドバイス

**「半身」の姿勢をおぼえよう**

オーバーヘッド・ストロークを学ぶとき、「半身になる」という言葉が出てくる。これは打つ直前、うしろ足を打つ方向に対して垂直、前足と上半身が平行になるフォームのことだ。こうすると、体のひねりを使って打てるので、**威力のあるショットがとばせる。**

## STEP 1　シャトル投げ

| 人数 | 1人 | 回数 | 1回 |
|---|---|---|---|
| 道具 | シャトル | 時間 | 5分 |

肩を大きく回す動きをつくるようにすると、シャトルを遠くへとばせるようになる。

**Point　大きく肩を回す**

1. シャトルのコルクを軽く握り、投げる方向に対し、半身になる。
2. 左手を少し上げ、右肩を大きく回して、シャトルをできるだけ遠くに投げる。これを繰り返す。
3. 腰をひねりながら打つことを意識して投げるとよい。

## STEP 2　壁際での素振り

| 人数 | 1人 | 回数 | 60回 |
|---|---|---|---|
| 道具 | 壁 | 時間 | 5分 |

正しいフォームなら、ラケットを思いきり振っても壁にぶつからない。

**Point　ひじを下げない**

1. 壁際に半身の姿勢で立つ。足は肩幅よりも少し広く広げる。
2. 左手を軽く上げ、ラケット面が壁と平行に動くようにラケットを振る。
3. このとき、腕が伸びていないと、ひじが下がり、壁に当たってしまう。ひじが壁に当たらないように素振りする。

## STEP 3　イスに座ってノック

| 人数 | 2人 | 回数 | 60回 |
|---|---|---|---|
| 道具 | シャトル、イス | 時間 | 5分 |

上半身の正しい使い方をおぼえる。

**Point　上半身の使い方をおぼえる**

1. 体が半身になれるようにイスに浅く座る。右足をうしろに一歩引いて半身になり、左手は軽く上げてバランスをとる。
2. 投げてもらったシャトルを、座ったまま打ち返す。このとき、腰をしっかり回し、高い打点で打つ。
3. 打つ瞬間、グリップをぎゅっと握る。

第1章　基本技術と練習メニュー

**04** ストロークの基本

肩から腰までの位置でシャトルを打ち返す

# サイドアーム・ストローク

体の横にとんできたシャトルを、オーバーヘッド・ストロークよりも小さなスイングでとらえて返す打ち方。速い速度でとんでいくショットが多い。

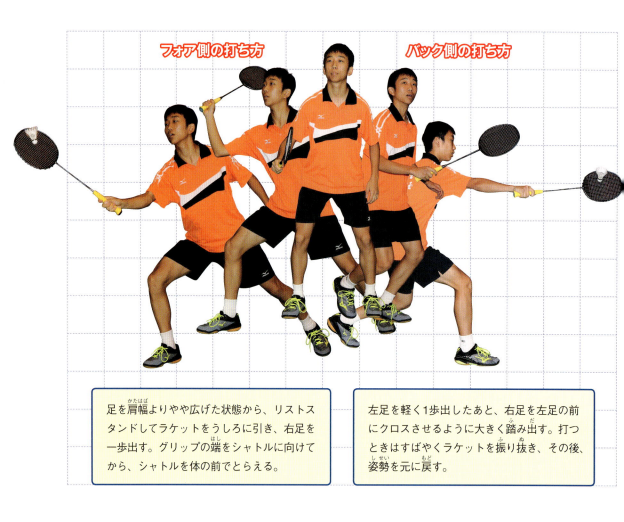

**フォア側の打ち方**

足を肩幅よりやや広げた状態から、リストスタンドしてラケットをうしろに引き、右足を一歩出す。グリップの端をシャトルに向けてから、シャトルを体の前でとらえる。

**バック側の打ち方**

左足を軽く1歩出したあと、右足を左足の前にクロスさせるように大きく踏み出す。打つときはすばやくラケットを振り抜き、その後、姿勢を元に戻す。

　肩と腰の間の高さくらいにとんできた球を返すのがサイドアーム・ストロークだ。上手に使うことができれば、相手にスマッシュなどの攻撃的なショットを打たせないようにすることができる。

　ただし、低い軌道をえがくストロークのため、ネットミスやサイドアウトをしやすい。思い通りにシャトルをとばすには、腕が伸びきらないようにし、ラケットの振りをなるべく小さくして打とう。足の踏み込みや腰のひねりも使って、腕だけでシャトルを打たないようにするとミスが減る。

## STEP 1 　素振り

| 人数 | 1人 | 回数 | 20回×3セット |
|---|---|---|---|
| 道具 | なし | 時間 | 5分 |

素振りを1回したら、元の位置に戻る。左右に動いても、体のバランスをくずさないように気をつける。

**Point　リストスタンドのクセをつける**

1. 練習者はコートの中央に立つ。足は肩幅よりやや広げる。
2. フォア側とバック側のサイドへ交互に動き、サイドに移動したら素振りをする。
3. 素振りをするときは、腕とひじが伸びきらないように注意する。手首は必ずリストスタンドを保つ。

## STEP 2 　手投げノック

| 人数 | 2人 | 回数 | 20回×3セット |
|---|---|---|---|
| 道具 | なし | 時間 | 5分 |

足をしっかり踏み込んで打つとミスが少なくなり、シャトルを思った通りに操作しやすい。

**Point　足をしっかり踏み込む**

1. 球出し役はネットをはさんで立ち、練習者のフォア側へシャトルを投げる。
2. 練習者は、できるだけ床と平行な弾道になるように打ち返す。バック側も同様に行う。
3. 慣れてきたら、球出し役はセンターからランダムにシャトルを出す。

### VARIATION　手首や腕が伸びきらないようにする

手首を起こして伸びきらないようにする。わきが広くあいているのは腕が伸びきっている証拠だ。

サイドアーム・ストロークは、リストスタンドができていないとシャトルがとばない。手首や腕が伸びきったり、下を向いたりしないように気をつけよう。

第1章　基本技術と練習メニュー

**05**<br>ストロークの基本

腰より下でシャトルを打ち返す
# アンダーハンド・ストローク

アンダーハンド・ストロークは、下から上へ振るストロークだ。守りの局面でよく使うが、打ち方によっては攻めに使うことも可能だ。

**フォア側の打ち方**

足を肩幅よりやや広げた状態から、リストスタンドしてラケットをうしろに引き、シャトルが落ちてくるほうに右足を一歩出す。シャトルは前足のつま先の延長線上でとらえる。

**バック側の打ち方**

左足を軽く1歩出したあと、右足を左足の前にクロスさせるように大きく踏み出す。左足の一歩目を大きく踏み出し、右足をクロスさせずにシャトルをとる方法もある。

アンダーハンド・ストロークは、腰より低い位置でシャトルを打つときに使う。相手が速い球や、ネット近くに落とす球を打ってきたときに使うことが多い。

守るときに使うイメージが強いが、できるだけ高い位置でシャトルを打てば、コート奥に速いロブ（→P.42）を打てるので、相手を追い込むこともできる。

ネット前にとび込むときは、前のめりになりやすいので気をつけること。上半身はつねに起こしておき、ひじから先で小さくラケットを振ることを心がけよう。

## STEP 1 素振り

| 人数 | 1人 | 回数 | 20回×3セット |
|---|---|---|---|
| 道具 | なし | 時間 | 5分 |

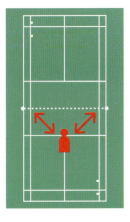

素振りを1回したら、元の位置に戻る。左右に動いても、体のバランスをくずさないように気をつける。

### Point 上半身をまっすぐに保つ

1. 足を肩幅よりやや広げ、フォア側のネット前に落ちてくるシャトルを拾うつもりで右足を一歩前に踏み出す。
2. 手首をリストスタンドしたまま、素振りをする。素振りをしたら元の位置へ戻る。
3. バック側も同様に行う。

## STEP 2 手投げノック

| 人数 | 2人 | 回数 | 20回×3セット |
|---|---|---|---|
| 道具 | シャトル | 時間 | 5分 |

速いテンポでノックが出されても上半身は起こす。

### Point 高い打点でシャトルをとる

1. 球出し役は練習者とネットをはさんで立ち、練習者のフォア側へドロップ（→P.28）を想定した球を投げる。
2. 練習者はコートのセンターから一歩で踏み込み、できるだけ高い打点でシャトルをとらえて遠くへ打ち返す。バック側も同様に行う。

## VARIATION 上半身をしっかり起こす

自分が打った球がとんでいく方向を目で追うと、頭が自然と上がる。

初心者がアンダーハンド・ストロークを使うとき、ネット前に急いで動いてもバランスが保てないことがある。ひざがくるぶしより前に出ないように大きく踏み込み、上半身を起こそう。上半身が起きていないと、手首だけで打つことになり、シャトルを遠くへとばせなくなってしまう。

第1章 基本技術と練習メニュー

## 06 オーバーヘッド・ストローク

### 相手をコート奥に追い込む
# クリアー

シャトルを相手コートの奥に打ち返すことをクリアーという。打ち返す高さや速さを使い分けることで、守りにも攻めにも使える。

**1** 半身の姿勢をとったあと、右足に重心をかける。

**2** 右足で床を蹴り、左足に重心を移しながらシャトルをとらえる。

**3** ラケットを振り抜く。

クリアーには、守りのハイクリアーと、攻めのドリブンクリアーがある。どちらもシャトルをコート奥へとばすショットだ。

遠くへとばすためにはシャトルが落ちる地点まですばやく動いて、無理のない体勢でかまえ、なるべく高い打点で打つようにしよう。

**ココが重要！**

ハイクリアーは、右の写真のように頭上のやや前でシャトルをとらえる。

## STEP 1　ハイクリアーを打つ

| 人数 | 2人 | 回数 | 100回 |
|---|---|---|---|
| 道具 | シャトル | 時間 | 5分 |

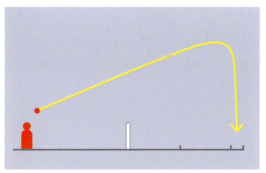

頭の上の高い位置でシャトルをとらえ、遠くまで高くとばす。シャトルの速度は必ずしも速くなくてよい。

### Point　高く遠くへ打つ

1. 2人でハイクリアーを打ち合う。できる限り、高い打点でシャトルをとらえて、高く遠くへとばす。
2. ハイクリアーは相手の速さについていけないときや、自分が不利なとき、時間をかせいで体勢を立て直したいときに使う。状況を思い浮かべて練習しよう。

## STEP 2　ドリブンクリアーを打つ

| 人数 | 2人 | 回数 | 100回 |
|---|---|---|---|
| 道具 | シャトル | 時間 | 5分 |

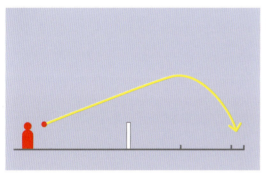

ハイクリアーよりやや前でシャトルをとらえる。相手に途中でつかまらない高さで速く打つとよい。

### Point　速くまっすぐ奥へ打つ

1. 2人でドリブンクリアーを打ち合う。ハイクリアーより前でシャトルをとらえ、ラケットを前に押し出すイメージで、速くまっすぐとばす。
2. ドリブンクリアーは、ネット近くにいる相手をコート奥に追い込むときに使う。状況を思い浮かべて練習しよう。

## STEP 3　カゴ入れゲーム

| 人数 | 2人 | 回数 | 40回 |
|---|---|---|---|
| 道具 | シャトル、カゴ | 時間 | 10分 |

制限時間を決めて、カゴにいくつシャトルを入れられるか競争してもよい。

### Point　カゴのなかにシャトルをとばす

1. コート奥にカゴを置く。
2. 球出し役が高く打ち上げたシャトルを、練習者はクリアーで打って、カゴのなかに入れる。
3. 1人合計40球打ったら、どちらが多くシャトルをカゴに入れたかを数える。多く入れたほうが勝ち。

## 07 オーバーヘッド・ストローク

ネット前に相手をおびき出す
# カット／ドロップ

オーバーヘッドからネット際に落とすカットとドロップ。よく似たショットなので、ラケット面の使い方の違いをマスターしよう。

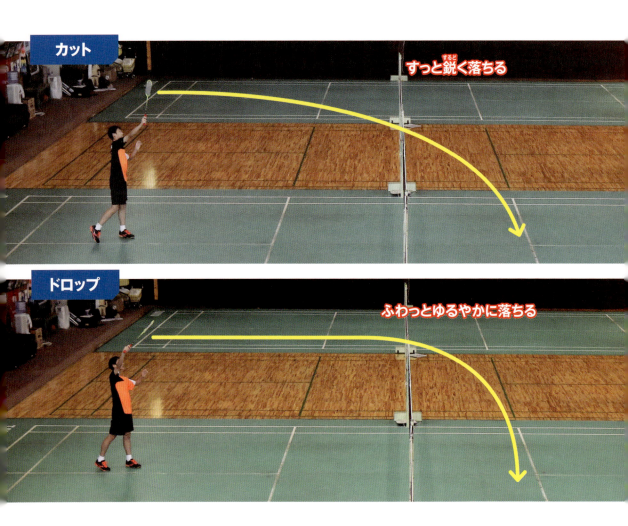

**カット** — すっと鋭く落ちる

**ドロップ** — ふわっとゆるやかに落ちる

　カットは、シャトルがネットのぎりぎりの高さを通ってすっと鋭く落ちるショットだ。ドロップはカットに似ているが、ネットを越えたら沈むように落ちる。共通しているのは、相手をネット前に動かすために打つということだ。クリアーやスマッシュと同じフォームで打つことができれば、相手をまどわすことができる。

　より攻撃的なのはカットだ。シャトルのスピードが速く、すぐに相手のコートに落ちる。ドロップはふわっとゆるやかな軌道で落ちるので、自分が苦しい展開のときに、体勢を立て直すためにも使える。

## STEP 1　カットを打つ

| 人数 | 2人 | 回数 | 50回 |
|---|---|---|---|
| 道具 | シャトル | 時間 | 5分 |

ラケットはシャトルの右側をななめに切るイメージで動かす。

**Point　シャトルをななめに切る**

1. 球出し役は練習者に向かって、シャトルを高く打ち上げる。練習者はカットを打つ。
2. カットはラケット面をななめにして打つ。シャトルに回転を与えるために、打つ瞬間は、ラケット面でシャトルの右側をななめに切るようにする。

## STEP 2　ドロップを打つ

| 人数 | 2人 | 回数 | 50回 |
|---|---|---|---|
| 道具 | シャトル | 時間 | 5分 |

ラケットの正面でシャトルをとらえ、押し出すように打つ。

**Point　面をまっすぐに押し出して打つ**

1. 球出し役は練習者に向かって、シャトルを高く打ち上げる。練習者はドロップを打つ。
2. ドロップはラケットの正面で打つ。打つ瞬間は、ラケット面の動きを止めて、そのまま前に押し出すようにする。

## VARIATION　上級者向けのリバースカット

打つ瞬間に手首をひねり、コルクの右側を切るように打つ。

打つ瞬間に手首をひねり、コルクの左側を切るように打つ。

カットはシャトルの右側をななめに切るようにして打つが、リバースカットは手首を外側に向けて、シャトルの左側を切る。フォームはカットと同じで、打つ瞬間のラケット面だけをかえる。おぼえておくと、攻撃のバリエーションが増えるが、コントロールが難しいのでたくさん練習しよう。

第1章　基本技術と練習メニュー

## 08 オーバーヘッド・ストローク

力強く打って得点をねらう

# スマッシュ

一番攻撃的(こうげきてき)で、得点につながるショットだ。相手のコートに高い打点からシャトルをたたきこもう。

**1** 左手を上げ、半身(はんみ)になる。重心は右足に乗せる。

**2** ひじがもっとも高くなる地点で、シャトルをとらえる。

**3** ラケットを振(ふ)り抜き、左足に重心を移(うつ)す。

　スマッシュは、高い位置から強い球を打つことで得点をねらうショットだ。ただし、必ず1打で決まるわけではないので、いつも全力で打つのではなく、80％の力で打ったり、ジャンプして打ったりと、打つ高さやスピードに変化をつけて、相手に慣れさせないことが大切だ。

### コーチからの熱血(ねっけつ)アドバイス

#### 同じフォームから打ち分けよう

試合では自分がどんな球を打つのか、相手にぎりぎりまで読まれないようにしなければいけない。そのため、クリアーやカット、スマッシュなどのオーバーヘッド・ストロークはP.20で学んだフォームを基本にして打ち、打つ直前にラケットの振(ふ)り方や面をかえて、ショットをかえるようにしよう。

## STEP 1　ネット前でスマッシュを打つ

| 人数 | 2人 | 回数 | 20回×5セット |
| --- | --- | --- | --- |
| 道具 | シャトル | 時間 | 10分 |

シャトルをとらえたら、すぐに手首を返して、たたきつけるように打つ。

### Point　上半身のフォームをつくる

1. 球出し役はシャトルに当たらないように練習者のななめ前からシャトルを投げる。
2. 練習者はその場で床にたたきつけるようにスマッシュを打つ。
3. シャトルに角度をつけて、しっかり相手のコートに入れることを意識しよう。

## STEP 2　前からうしろに下がってスマッシュを打つ

| 人数 | 2人 | 回数 | 20回×5セット |
| --- | --- | --- | --- |
| 道具 | シャトル | 時間 | 10分 |

動きながら打つと、ネットミスなどが出やすい。タイミングをよく見てシャトルを打つ。

### Point　動いてもミスせず打つ

1. 練習者はショートサービスライン（→P.124）のあたりに立つ。
2. 球出し役はダブルスのロングサービスライン（→P.124）より少し前にシャトルを打ち上げる。
3. 練習者は半身でうしろに下がり、スマッシュを打つ。

## STEP 3　ジャンピングスマッシュを打つ

| 人数 | 2人 | 回数 | 10回×5セット |
| --- | --- | --- | --- |
| 道具 | シャトル | 時間 | 10分 |

床を力強く蹴ってとび、空中で一瞬止まるような動きが重要。そこでタメたパワーをラケットに伝えて打とう。

### Point　空中でタメをつくる

1. 球出し役は、練習者のななめ前からシャトルを高く打ち上げる。
2. 練習者はジャンピングスマッシュを打つ。これを繰り返す。
3. 練習者はジャンプし、ヒット直前までタメをつくり、高い打点でシャトルを打つ。

## 09 オーバーヘッド・ストローク

### 相手に背中を向けてバック奥の球を打つ
# ハイバック

バック奥にシャトルが上がってきたときに使う、守りのショット。対戦相手に背中を向けることになり、相手が見えなくなるので難易度が高い。

**1** 正面を向いてかまえる。

**2** うしろを向きながら、バックハンドの握りにかえる。

**3** ひじを出しながら右足を踏み出す。

**4** ラケットは手首で振り、打つ瞬間に振り抜かずに止める。

　ハイバックは、バック奥に上がった球を相手に背中を向けて打つショットだ。打つ時に、相手の姿が見えなくなるので球の操作が難しい。だが、体力の消耗を抑えられるので、マスターできればクリアーなどで体勢を整えるために使える。上級者のなかには、ハイバックの体勢でスマッシュやカットを打って攻める人もいる。

　ハイバックを打つコツは、右足をしっかり踏み込み、右ひじを支点に前腕から手首、ラケットをムチのように使うことだ。最初から遠くにとばすのは難しいが、まずはシャトルをラケットの中心に当てることから始めよう。

## STEP 1　タオル打ち

| 人数 | 1人 | 回数 | 50回×3セット |
|---|---|---|---|
| 道具 | タオル | 時間 | 5分 |

ひじが伸びきってしまう高さだと、タオルが高すぎるので調整しよう。

### Point　右足をしっかり踏み出す

1. ラケットを当てられる高さに、天井からタオルをたらす。
2. 練習者はリストスタンドし、右ひじを肩より高く上げる。ネットに背を向けるつもりで、右足を前に出す。
3. ひじは完全に伸ばさずに、ハイバックでタオルを打つ。

---

## STEP 2　イスに座って打つ

| 人数 | 2人 | 回数 | 60回 |
|---|---|---|---|
| 道具 | シャトル、イス | 時間 | 5分 |

最初は遠くへとばすことよりも、正しいフォームでシャトルをラケットの中心に当てることを意識しよう。ひじは伸ばしきらないように注意すること。

### Point　上半身で打つ感覚をおぼえる

1. 練習者は球出し役に背中を向けてイスに座る。右足を前に出し、シャトルがとんでくるほうに背中を向けるようにする。
2. 右ひじを肩より高く上げ、シャトルが来たら、ハイバックで打つ。
3. グリップに当てた親指で、軌道をコントロールする。

---

## STEP 3　動きながら打つ

| 人数 | 2人 | 回数 | 50回 |
|---|---|---|---|
| 道具 | シャトル | 時間 | 5分 |

シャトルの落下点を予測して動き、タイミングをはかってシャトルを打ちにいこう。

### Point　一歩だけ踏み込んで返す

1. 練習者はバック奥に一歩で行ける位置に立つ。球出し役はバック奥に高くシャトルを打ち上げる。
2. 練習者はネットに背中を向け、右足を一歩出し、ハイバックでクリアーを打つ。
3. 慣れてきたら、練習者はコート中央に立ち、そこからバック奥に移動して打つ。

## 10 オーバーヘッド・ストローク

### 頭のうしろに腕を回してバック奥の球を打つ
# ラウンド・ザ・ヘッド

バック奥にシャトルが上がってきたときに、頭上に腕を回して打つショット。体のバランスをとって打つのが難しい。

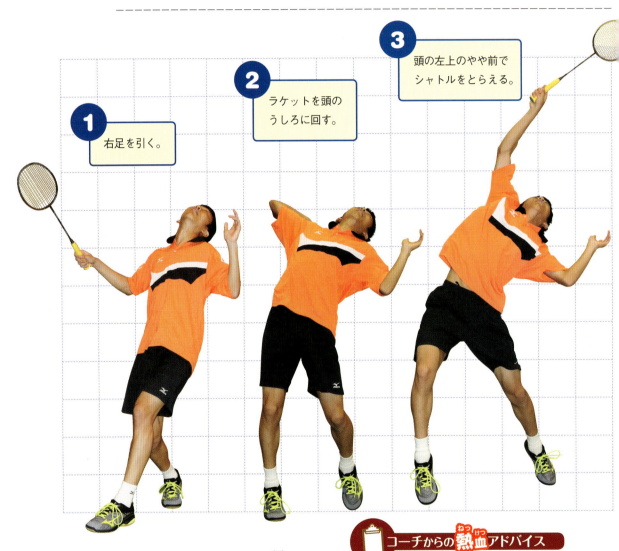

1. 右足を引く。
2. ラケットを頭のうしろに回す。
3. 頭の左上のやや前でシャトルをとらえる。

ラウンド・ザ・ヘッドとは、バック奥へとんできたシャトルを、頭の左上でとらえるショットだ。頭のうしろに右腕をまわし、フォアハンドで打つ。打つときは上半身がシャトルの方向に傾かないようにし、打ったあとは体がうしろに倒れないように気をつける。

### コーチからの熱血アドバイス

#### ハイバックと使い分ける

ラウンド・ザ・ヘッドには、ハイバックよりコースを打ち分けやすく、より攻める球を打ちやすいという利点がある。元の位置にも早く戻れる。一方、ハイバックは、ラウンド・ザ・ヘッドよりも体力を消耗しないという利点がある。状況によって使い分けるとよいだろう。

## STEP 1 タオル打ち

| 人数 | 1人 | 回数 | 50回×3セット |
|---|---|---|---|
| 道具 | タオル | 時間 | 5分 |

自分の歩幅の感覚をおぼえ、正確に打てるようにする。

### Point 足をしっかり踏み出す

1. 天井からタオルをたらし、ラケットを当てられる高さに調節する。
2. 練習者は2歩でタオルをとらえられる位置に立ち、タオルを打ちにいく。
3. 頭の左上でタオルを打つフォームをおぼえる。

## STEP 2 左足でとんで打つ

| 人数 | 2人 | 回数 | 20回×3セット |
|---|---|---|---|
| コート | 半面 | 時間 | 5分 |

左足でとぶ打ち方は疲れるが、早く相手に打ち返したいときに使うとよい。

### Point 左足でとんで着地する

1. 練習者はコート中央に立ち、球出し役はバック奥に高くシャトルを打ち上げる。
2. 練習者は右足でとんで左足で着地する基本の打ち方を練習する。
3. 左足でとんで左足で着地する打ち方も、同様に練習する。

## STEP 3 クリアー&カットの打ち分け

| 人数 | 2人 | 回数 | 20回×3セット |
|---|---|---|---|
| コート | 半面 | 時間 | 5分 |

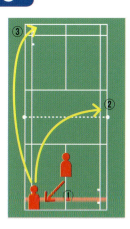

慣れてきたら、クロスのクリアーやストレートのカットもまぜて打とう。

### Point 同じフォームで打つ

1. 練習者はコート中央に立ち、球出し役はバック奥に高くシャトルを上げる。
2. 練習者はラウンド・ザ・ヘッドで動き（①）、クロスへのカット（②）と、ストレートへのクリアー（③）を同じフォームで打つ。
3. 1球打つごとに元の位置に戻る。

第1章 基本技術と練習メニュー

## サイドアーム・ストローク 11

### ネットのすぐ上をねらい、シャトルを床と平行にとばす
# ドライブ

ネットのすぐ上を床と平行の軌道で打つのがドライブだ。スピード感あふれるショットで、ダブルスでよく使われている。

　ドライブは、ネットのすぐ上を床と平行になるようにとばすショットだ。スマッシュほどの速さはないが、相手と至近距離で速く打ち合える、とても攻撃的なショットだ。ダブルスでよく使われる。相手コートに押し込むように速く打つのが理想だが、意識しすぎるとネットからシャトルが浮いてしまうので注意しよう。

　ドライブを打ったあとは、相手からシャトルが速く返ってくる。そのため、打つときはひじから先を使ってラケットを大振りしないようにし、打ったあとはすぐに体勢を整え、次の球を打つ準備をすることが大切だ。

## STEP 1　フォアとバック交互

| 人数 | 2人 | 回数 | 1回 |
|---|---|---|---|
| 道具 | シャトル | 時間 | 5分 |

P.17の回内運動を使い、腕から先で打ち、ラケットが大振りにならないようにする。

### Point 大振りしないで打つ

1. コートの両側に1人ずつ入り、それぞれコート中央に立つ。
2. 球出し役は、練習者が打ちやすいように常にストレートに打つ。
3. 練習者は元の位置から足を一歩出しては戻り、ドライブを常にクロスへ返し続ける。

## STEP 2　ランダムドライブ

| 人数 | 2人 | 回数 | 1回 |
|---|---|---|---|
| 道具 | シャトル | 時間 | 10分 |

シャトルが遠くにとんできた場合は、右足を踏み出し（左）、近い場合は左足を踏み出す（右）。

### Point フットワークを使い分ける

1. 球出し役はショートサービスラインの少しうしろに立ち、低く速い球をランダムに出す。
2. 練習者はすべてをドライブで返す。
3. 体から遠い場所にシャトルがとんできた場合は、右足を踏み出し、近い場合は左足を踏み出す。

## STEP 3　壁打ち

| 人数 | 1人 | 回数 | 1回 |
|---|---|---|---|
| 道具 | シャトル、壁 | 時間 | 10分 |

ドライブはバックハンドを多く使うが、フォアとの打ち分けもできなければいけない。

### Point グリップを握りかえる

1. 練習者は壁から1.5mくらい離れて立ち、壁に向かってドライブを打つ。
2. 練習者は、返ってきた球によってグリップを握りかえる。1球ごとに、フォアハンドとバックハンドのどちらの握り方がよいのかを判断しながら打つ。

## 12 レシーブ

### スマッシュを相手コートの前とうしろに返す
# スマッシュレシーブ

スマッシュレシーブには、ネット前に返すショートリターンと、コート奥に返すロングリターンがある。

**ロングリターン**

リストスタンドし、コート奥までとばす。

自分のコート内でシャトルの軌道の頂点が来るようにする。

**ショートリターン**

スマッシュをコート奥まで返すことをロングリターン、ネット前に返すことをショートリターンという。相手が力強い球を打ってきても、落ち着いて大振りしないように返そう。相手がたくさん走らなければならないコースに返すのが理想だ。

### ココが重要！

ロングリターンは相手コートのうしろまで、ショートリターンはネット前に返す。

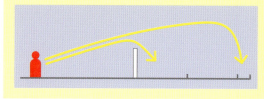

## STEP 1 シャトルキャッチ

| 人数 | 3人 | 回数 | 20回×3セット |
|---|---|---|---|
| 道具 | シャトル | 時間 | 10分 |

シャトルをつかんだ地点は、ラケットでシャトルを当てる地点と同じになる。

### Point フォア側の打点の確認

1. コートの片方に練習者と球出し役、もう片方に補助者が入る。球出し役が球を出したら、補助者はスマッシュを打つ。
2. 練習者は、スマッシュが打たれた方向に移動し、シャトルを右手でキャッチする。シャトルが落ちてくるスピードや角度を体でおぼえよう。

## STEP 2 台の上から手投げノック

| 人数 | 2人 | 回数 | 20回×5セット |
|---|---|---|---|
| 道具 | シャトル、台 | 時間 | 5分 |

シャトルの落下点近くまで足を運び、ラケット面をシャトルにしっかり合わせると、ミスが減る。

### Point 角度のある球を返す

1. 球出し役は台の上に乗り、スマッシュを想定したシャトルを、フォアとバックへランダムに投げる。台の上に乗るのは、コースに角度をつけるためだ。
2. 練習者はシャトルを打ち返す。コート奥とネット前にしっかり打ち分けよう。

## VARIATION 「ドライブレシーブ」をおぼえよう

スマッシュレシーブの応用編として「ドライブレシーブ」がある。相手のスマッシュが浮いてきたときに、ドライブのように直線的な球で返すショットだ。このショットは、相手に次の準備をする時間を与えないので、得点するチャンスも生まれやすい。

床と平行な軌道になるように、シャトルをできるだけ低くとばす。

第1章 基本技術と練習メニュー

# 13 レシーブ

## 強いショットを体の周辺へ打たれたときに対応する
# ボディリターン

相手はわざと体をねらって打ってくるときがある。返しづらい場所なのでしっかり練習しておこう。

**1** 両足を開き、少し右足を引いてひざと腰を曲げ、低くかまえる。

**2** 体の前で打つ。

**3** 打ったらラケットを途中で止めて、次にくる球の準備に入る。

体の周辺に球を強く打たれると、腕を十分に振るための空間が少なく、返しづらい。また、フォアハンドとバックハンドのどちらを使って返せばよいか、迷いが生じる。これらがまさに相手のねらいで、少しでも判断や動きが遅れると、シャトルを体に差しこまれて、相手にポイントを許すことになる。

そのため、普段から体に打たれた場合の練習をしておこう。ほとんどの場合はバックハンドで対応するが、フォアハンドで対応するときもある。ただし、返し方は人それぞれなのでしっかり練習して、自分の返し方を見つけておこう。

## STEP 1　手投げノック

| 人数 | 2人 | 回数 | 20回×5セット |
|---|---|---|---|
| 道具 | シャトル | 時間 | 5分 |

打つ前に少し右足を引いて前傾姿勢（ぜんけいしせい）をとると、体の前に空間ができて打ちやすくなる。

**Point　はじめは遅い球で練習する**

1. 球出し役は練習者とネットをはさんで立つ。ゆっくりとした速度で、練習者の体の周辺にスマッシュなどを想定した球を投げる。
2. 肩（かた）の高さや、おなかのまわり、ひざの近く、フォア側やバック側など、シャトルを投げる位置や、速さをかえる。

## STEP 2　フォア側の強化

| 人数 | 2人 | 回数 | 20回 |
|---|---|---|---|
| 道具 | シャトル | 時間 | 5分 |

フォア側の球をバックハンドで打つときは、右足を少し引き、写真のようにラケットのヘッドでU字をえがくように動かす。

**Point　バックハンドを使う**

1. 球出し役は練習者とネットをはさんで立つ。はじめはゆっくりとした速度で、スマッシュを想定した球を投げる。
2. 球出し役は、練習者の体周辺のフォア側をねらって投げる。
3. 練習者は、U字をえがくようにしてバックハンドで返す。

## VARIATION　足を前に出すボディリターン

　肩（かた）より高い位置にシャトルを打たれた場合、しっかりリストスタンドし、わきをしめ、右足を前に出した前傾姿勢（ぜんけいしせい）でとらえる（左）。バック側の腰（こし）より低い位置へ打たれた場合は、ひざと腰（こし）を曲げ、前傾姿勢（ぜんけいしせい）で打つ（右）。

　このようなボディリターンでは、球を打つための空間をつくるために、足をうしろに引くのではなく、球を読んで足を前に出すようにしよう。

シャトルが来た高さによってもフォームをかえる。

第1章　基本技術と練習メニュー

## 14 アンダーハンド・ストローク

### 相手のコート奥をねらい、守りにも攻めにも使う
# ロブ

ロブには守りと攻めの使い方がある。どちらも相手のコート奥へシャトルをとばし、相手を大きく動かすための一打だ。使い分けができるようにしよう。

### 守りのロブ

高く、奥へ打つので、しっかり前足を踏み込み、手首を内側に返しながら打つ。

### 攻めのロブ

高い打点でシャトルをすばやくとらえ、手首だけで小さく打つ。

　最初におぼえたい守りのロブは、相手の頭上を越えてコート奥へ高くとばすショットだ。しっかり高く、バックバウンダリーラインまでとばせば、シャトルの滞空時間が長くなる。当然、返球がくるまでの時間も長くなるので、その間に自分の体勢を立て直すことができる。"高く・奥へ"打つことが大切だ。

　攻めのロブは応用編だ。シャトルの下に早く入って、なるべく高い位置でとらえ、コート奥に打つ。守りのロブほど高く打たないが、高さが中途半端になってしまうと、相手に途中でつかまってピンチになるので注意しよう。

## STEP 1　手投げノック／守りのロブ

| 人数 | 2人 | 回数 | 50回 |
|---|---|---|---|
| 道具 | シャトル | 時間 | 5分 |

### Point　守りのロブをおぼえる

1. 球出し役はネット越しに立ち、球を練習者のフォア側へ投げる。
2. 練習者は、バックバウンダリーラインをねらって、高く、遠くへシャトルをとばす。リストスタンドしたまま右足を出し、前腕を使ってスイングする。
3. バック側も同じように練習する。

**守りのロブの軌道**

この軌道を意識して練習する。バックバウンダリーラインへ垂直に落ちていく球が理想だ。

---

## STEP 2　手投げノック／攻めのロブ

| 人数 | 2人 | 回数 | 50回 |
|---|---|---|---|
| 道具 | シャトル | 時間 | 5分 |

### Point　攻めのロブをおぼえる

1. 球出し役はネット越しに立ち、球を練習者のフォア側に投げる。
2. 練習者は、攻めのロブを打つつもりで、右足をすばやく大きく踏み出し、なるべく高い打点でシャトルをとらえる。
3. 手首のスナップを使い、小さくラケットを振る。バック側も行う。

**攻めのロブの軌道**

この軌道を意識して練習する。守りのロブより低く速く打つ。対戦相手をコート奥へ追い込むつもりで。

---

## STEP 3　フォアとバックの交互ノック

| 人数 | 2人 | 回数 | 50回 |
|---|---|---|---|
| 道具 | シャトル | 時間 | 5分 |

### Point　正しいフォームで打つ

1. 球出し役はネット越しに立ち、球をフォア側とバック側へ交互に投げる。
2. 練習者は、ストレートに守りのロブを打つ。打ったあとはセンターに戻る。
3. 慣れてきたら、球出し役はランダムに球を出す。攻めのロブを練習するときは、球出しのテンポを速くする。

しっかり右足を踏み出さなければ、高く遠くへロブをとばすことはできない。

第1章　基本技術と練習メニュー

| 43 |

# 15 ネットプレー

## ネット前からシャトルを床にたたきつける
## プッシュ

ネットの上に甘く浮いてきた球を、するどく相手へたたきこむショットだ。ミスしやすいが、しっかり決めきろう。

**フォア**

**1** ラケットを高めにかまえ、シャトルをよく見る。

**2** ひじから先でシャトルを押し込む。

**3** 打つ瞬間にグリップを強く握る。

　相手の返球がネットの上に浮いてきたときが、攻める最大のチャンスだ。プッシュを使って得点につなげよう。ダブルスでよく使われるショットで、テニスのボレーに似ている。

　プッシュでまず大事なのは、相手の球が浮いてくる瞬間を見逃さないことだ。チャンスがきたと思ったら、ひじを高く上げて前に出よう。打つ前はグリップを軽く握り、打つ瞬間に強く握り込んで、シャトルを弾くように打つ。

　打ったあとは、ラケットや体がネットにぶつからないように注意すること。ぶつかると、フォルトになってしまう。

## STEP 1 バックハンドで打つ

| 人数 | 2人 | 回数 | 50回 |
|---|---|---|---|
| 道具 | シャトル | 時間 | 5分 |

親指をしっかり立ててシャトルを押し込むように打つと、力強いプッシュが打てる。

### Point 親指をしっかり立てる

1. 練習者はネット前に立ち、バック側にシャトルを投げてもらう。バックハンドでプッシュを打つ。これを繰り返す。
2. プッシュを打つときは、親指を立ててグリップを短めに握る。当たる瞬間、親指で押し込むように打つ。
3. 小さくスイングすることを心がける。

---

## STEP 2 フォアとバックの交互ノック

| 人数 | 2人 | 回数 | 50回 |
|---|---|---|---|
| コート | 半面 | 時間 | 5分 |

球出し役は最初、高めに球を出して確実に打たせ、慣れてきたらネット付近をねらうとよい。

### Point グリップを握りかえる

1. 練習者は、ネット前に立ち、フォア側とバック側へ交互にシャトルを投げてもらう。
2. 練習者はグリップを握りかえながらプッシュを返す。
3. 慣れてきたら、練習者は立ち位置をショートサービスラインまで下げる。

---

## STEP 3 ワイパーショット

| 人数 | 1人 | 回数 | 30回 |
|---|---|---|---|
| コート | ネット前 | 時間 | 3分 |

プッシュするとネットに引っかかってしまう球が来たときも、ワイパーショットで返す。

### Point ラケットを左右に動かす

1. 古いシャトルをネットの上に差す。
2. 車のワイパーのようにラケットを横に振って、シャトルをはらい落とす。ラケット面を正面に向け、こすって落とすイメージを持つとよい。プッシュするとネットにさわってしまうときに使う。
3. 左から右、右から左の両方を行う。

第1章 基本技術と練習メニュー

## 16 ネットプレー

### ネット際に来た球を、もう一度相手のネット際に返す
# ヘアピン

ネット際に打たれた球を、相手のコートのネット際に返すショット。上手に打って、相手のショットをネットに引っかけさせるか、うしろに上げさせよう。

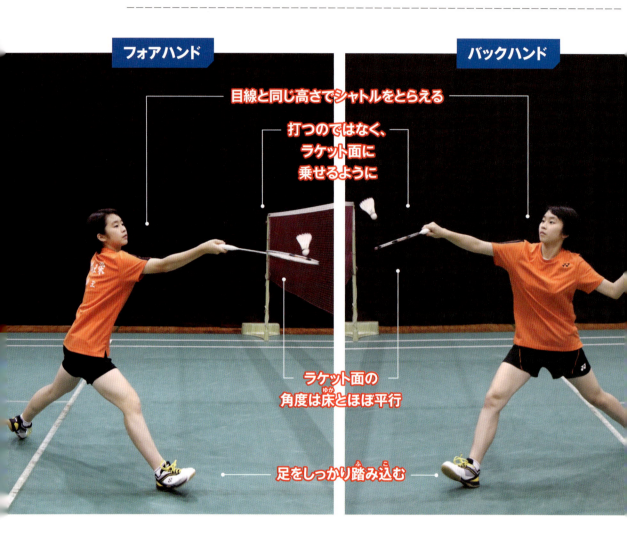

フォアハンド / バックハンド

- 目線と同じ高さでシャトルをとらえる
- 打つのではなく、ラケット面に乗せるように
- ラケット面の角度は床とほぼ平行
- 足をしっかり踏み込む

ヘアピンはシャトルを"打つ"のではなく、"乗せて押す"イメージで打つ。なるべく高い打点で打つと、何を打つか相手がわかりにくくなり、相手の対応時間も奪う。なるべくシャトルがネットから浮かないようにし、相手のネット際に落ちるようにする。

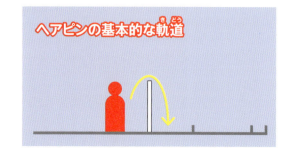

ヘアピンの基本的な軌道

## STEP 1　手投げノック

| 人数 | 2人 | 回数 | 50回 |
|---|---|---|---|
| 道具 | シャトル | 時間 | 5分 |

右足はシャトルの方向に向け、体の正面で打つ。写真のようにひじや手首が曲がると、打点が下がってしまうので注意。

### Point　正しいフォームをおぼえる

1. 球出し役はネット越しに立ち、シャトルを練習者のフォア側へ投げる。
2. 練習者は、ショートサービスライン付近から右足を出し、フォアハンドでヘアピンを打つ。
3. バック側も同じように練習する。慣れてきたらフォアとバックを交互に打つ。

## STEP 2　ショートサービスライン前で打ち合い

| 人数 | 2人 | 回数 | 自由 |
|---|---|---|---|
| 道具 | シャトル | 時間 | 5分 |

ショートサービスラインより前でヘアピンを自由に打ち合う。

### Point　自由に打って基本をチェック

1. 2人1組で、ネットをはさんで向き合う。ショートサービスライン内でヘアピンを自由に打ち合う。
2. 同じフォームのままで、手首を使ってコースを打ち分けることを心がける。
3. 打つときは右足を1歩前に出し、打ったらうしろに戻ると練習効果が上がる。

## VARIATION　スピンネットもおぼえよう

時計まわりに切る

反時計まわりに切る

スピンをかける動作を小さくすると、シャトルが浮きにくくなる。カットのときのように切るイメージ。

　ヘアピンには、ラケットをシャトルのななめ下に入れ、時計まわり、または反時計まわりにコルクを切って、シャトルに回転をかける「スピンネット」という打ち方がある。シャトルに回転がかかると、シャトルの動きが不規則になるので相手は取りにくい。

　フォア側に、ストレートでとんできたシャトルには時計まわり、クロスできたシャトルには反時計まわりでコルクをこすると、スピンがかかりやすくなる。練習の合間にいろいろな切り方を試してみよう。

第1章　基本技術と練習メニュー

# 17 ネットプレー

## ヘアピンと思わせてクロスに落とす
## クロスネット

ヘアピンと同じフォームで打ち、ヒット直前で面をかえてクロスに打つのがクロスネット。いわば、ヘアピンの応用編だ。上手に使って相手の裏をかこう。

**バックハンド** / **フォアハンド**

フォアでもバックでも、リストスタンドした状態からクロスにシャトルを運ぶ。サイドアウトになりやすいので注意する。

相手とネットをはさんで向かい合っているとき、クロスのネット際に打つと効果的な場合がある。ヘアピンと同じフォームで入り、コルクが下を向いたときに、ラケット面をかえてクロス方向に打つ。手首でシャトルを運ぶイメージを持とう。

**ココが重要！**

フォアハンドでもバックハンドでもクロスネットを打てるようになろう。バックハンドのほうがやや習得しやすい。

## STEP 1　シャトルキャッチ

| 人数 | 2人 | 回数 | 50回 |
|---|---|---|---|
| 道具 | シャトル | 時間 | 5分 |

シャトルを弾かないようにやわらかくとらえる。

### Point　シャトルを運ぶ感覚をおぼえる

1. 練習者と球出し役はネットをはさんで立つ。
2. 球出し役は、ネット越しにいる練習者のフォア側へシャトルを投げる。
3. 練習者はラケットを縦にして待ち、シャトルの勢いを吸収するようにキャッチする。手首をなるべく使わない。

## STEP 2　手投げノック

| 人数 | 2人 | 回数 | 50回 |
|---|---|---|---|
| 道具 | シャトル | 時間 | 5分 |

ラケットでやわらかくシャトルをとらえ、シャトルを運ぶつもりでクロスに打ってみよう。

### Point　正しいフォームをおぼえる

1. 練習者と球出し役はネットをはさんで立つ。
2. 球出し役は練習者のバック側へシャトルを投げる。
3. 練習者は右足を出し、サイドアウトに注意しながらバックハンドでクロスネットを打つ。フォア側も同じように練習する。

## VARIATION　ヘアピンとクロスネットを打ち分ける

　バドミントンは、相手の裏をかくショットをいかに多く打てるかが勝敗のわかれ目になる。ヘアピンとクロスネットを同じフォームから打てれば、相手はどこに球が来るか分からず、一瞬、足が止まる。そこがチャンスだ。
　球出し役にシャトルを出してもらい、ヘアピンとクロスネットを一緒に練習しよう。ヒット直前まで打つコースをわからせないフェイント技術をみがけば、攻撃の幅がずっと広がる。

第1章　基本技術と練習メニュー

# 18 サービス

## シングルスの基本的なサービス
# ロングハイサービス

シングルスのサービスの基本は、コート奥に高くとばすこと。これをロングハイサービスという。コート奥にシャトルの軌道の頂点がくるように打とう。

**1** 足は軽く前後に開き、ラケットをうしろに引く。

**2** シャトルを落とし、右ひじを伸ばしたまま打ち始める。

**3** 右ひじを伸ばしたまま、下からすくい上げるように打つ。

**4** 左足に重心を移し、伸ばしていた腕は自然に曲げて振り切る。

バドミントンのサービスはテニスと違い、腰より下で打ち始めなければならない。そのため、レシーバーのほうが有利だ。サービスを打つ人は、相手に強いショットを打たれないように高く遠くにシャトルをとばすことを心がけよう。

### ココが重要！

バックバウンダリーライン手前の上に軌道の頂点をつくるように打つ。シャトルが垂直に落ちてくると、サービスレシーバーは見上げなければならず、攻撃をする体勢がつくりにくい。

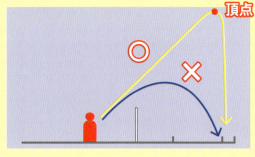

## STEP 1 シャトル落とし

| 人数 | 1人 | 回数 | 20回 |
|---|---|---|---|
| 道具 | シャトル | 時間 | 3分 |

シャトルを体の近くに落とすとラケットの振りが小さくなり、遠くへシャトルをとばせないので注意する。

### Point シャトルを落とす位置を確認

1. 練習者はショートサービスラインのうしろに立ち、ラインからラケット1本分離れた場所にシャトルを置く。
2. 置いたシャトルを目印にし、左手からシャトルを落とす。ラケットも同時に振るが、打たなくてよい。ラケットとシャトルの距離感をおぼえることを優先する。

## STEP 2 手首の使い方をおぼえる

| 人数 | 1人 | 回数 | 50回 |
|---|---|---|---|
| 道具 | シャトル | 時間 | 5分 |

腕を振らない練習で、手首の使い方をおぼえよう。この動きができるとシャトルは高く、遠くへとぶ。

### Point リストスタンドの状態をつくる

1. 練習者は右腕を下に伸ばし、手首をリストスタンドさせる。
2. 上腕だけをひねってグリップエンドを前方へ向ける。
3. グリップエンドを相手にこれ以上、見せられないというところまできたら、回内運動（→P.17）させシャトルを打つ。

## VARIATION サービスの悪いフォームに注意しよう

STEP1と2ができるようになったら、次の点に注意して素振りをしよう。

腕を伸ばし切らない

シャトルを固定したまま打たない

右耳のほうへ振り抜かない

# 19 サービス

## 相手のネット前に落とすサービス
# ショートサービス

ネットから浮かないように、ショートサービスラインの近くをねらって打つ、飛距離の短いサービス。相手をネット前に誘い出す効果がある。

**1** グリップの真ん中くらいを持ち、シャトルを離したらすぐに打つ。

**2** 大きく腕を振らず、親指と人差し指だけで、シャトルを弾くように打つ。

**3** 打ったらラケットの動きを止め、すぐ次の球を打つ準備を始める。

相手からの強い攻撃を防ぐ効果があるサービス。ダブルスや男子シングルスのゲームでよく使われる。ただし、シャトルがネットから浮いてしまうと、すぐに反撃されてしまう。相手にたたかれないよう、ネットを越える前にシャトルの軌道の頂点がくるように打とう。

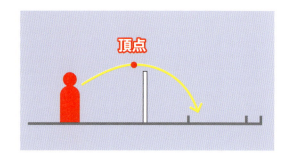

頂点

## STEP 1 バックハンドによるサービス練習

| 人数 | 1人 | 回数 | 50回 |
| --- | --- | --- | --- |
| 道具 | シャトル | 時間 | 5分 |

腕は大きく引かず、シャトルを離す位置も低めにする。

**Point** ロングも打てる体勢で打つ

1. 練習者は、ショートサービスラインのうしろに立つ。
2. 相手のショートサービスライン上のさまざまな場所にサービスを打つ。

**ココが重要！**
サービスは疲れたときにミスが出やすい。練習の最後にサービス練習をすると効果的だ。

## STEP 2 フォアハンドによるサービス練習

| 人数 | 1人 | 回数 | 50回 |
| --- | --- | --- | --- |
| 道具 | シャトル | 時間 | 5分 |

大振りになるとコースを相手に読まれやすくなる。

**Point** 大振りしないで打つ

1. 練習者は、ショートサービスラインのうしろに立つ。
2. 相手のショートサービスライン上のさまざまな場所にサービスを打つ。
3. ラケットは左肩まで振り抜かず、すばやく次のかまえに入る。

## VARIATION サービスのルールをおぼえよう

サービスを打つときのルールを頭に入れて、サービスを打とう。もし、ルールに反してしまうと、相手に点が入ってしまう。

✕ サーバーとレシーバーは、ななめに向かい合ったサービスコート内に、サービスコートの境界線にふれずに立つものとする。

✕ サーバーがラケットで打つ瞬間に、シャトル全体がサーバーの腰より下になければならない。

✕ サーバーが持つラケットのヘッドとシャフトは、シャトルを打つ瞬間に下向きでなければならない。

第1章 基本技術と練習メニュー

# 20 サービス

サービスをいろいろなコースに打ち分ける
## サービスの打ち分け方

ロングハイサービスやショートサービスの基本フォームをおぼえたら、サービスでねらう場所を知って、実際に打ってみよう。

シングルスのサービスエリアとねらいどころ

ダブルスのサービスエリアとねらいどころ

　バドミントンは対角線上のサービスエリアにサービスを打ち、ラリーを始める。得点したら、左右のエリアを入れかえる。気をつけなければならないのは、シングルスとダブルスでは、サービスエリアが異なることだ。どこをねらって打てばよいか、しっかりおぼえよう。

　サービスエリア内なら、サービスはどこへ打ってもよいのだが、初心者が最初に正確に打てるようにしておきたいねらいどころがある。シングルスだったらコート奥のセンター（左の写真）、ダブルスだったらショートサービスラインのセンター（右の写真）だ。これらのサービスが打てるようになったら、違う場所に打つ練習もしていこう。

## STEP 1　ロングサービスのカゴ入れゲーム

| 人数 | 2人 | 回数 | 40回 |
|---|---|---|---|
| 道具 | シャトル、カゴ | 時間 | 10分 |

制限時間を決めて、カゴにいくつシャトルを入れられるか競争してもよい。

### Point　センターラインの奥に打つ

1. 相手のコート奥のセンターにカゴを置く。
2. 練習者は、カゴをねらってシャトルを打つ。1人20球打ったら交替。
3. 2人で40球打ったら、どちらが多くシャトルをカゴに入れたかを数える。多く入れたほうが勝ち。

## STEP 2　シャトルの間を通す

| 人数 | 1人 | 回数 | 50回 |
|---|---|---|---|
| 道具 | シャトル | 時間 | 5分 |

ダブルスでは、ショートサービスをネットから浮かせないことがとくに大切だ。

### Point　ネットから浮かせない

1. ネットの上に古いシャトルを2つ差す。間隔は30cmあける。
2. 練習者はショートサービスを打つ。その際、2つのシャトルの間にサービスを通し、差したシャトルのコルクの高さからできるだけ超えないようにする。

## STEP 3　対戦相手を立たせショートサービスを打つ

| 人数 | 2人 | 回数 | 50回 |
|---|---|---|---|
| 道具 | シャトル | 時間 | 10分 |

対戦相手がレシーブすることで、どこに打つと相手から攻められやすいのかをおぼえる。

### Point　実戦に近い形をつくる

1. 練習者と補助者はネットをはさんで向き合う。練習者は、ネットから浮かせないように、ショートサービスを打つ。
2. 補助者はサービスレシーバーのつもりでかまえ、浮いたときにプッシュをする。
3. 慣れてきたら、補助者の体の周辺をねらって打つ。

第1章　基本技術と練習メニュー

# 21 フットワーク

## 速い足さばきを生みだす
# シャセ（送り足）

コート内では、ムダのない動きですばやく移動するために、よいフットワーク（足さばき）が必要だ。まずは「シャセ」の動きを身につけよう。

**3** うしろ足が着地してからすぐに前足をもう一歩出す。

**2** 前足の着地とほぼ同時にうしろ足を引き寄せる。

**1** 進みたい方向の足を大きく前に踏み出す。

シャセは「ツーステップ」や「送り足」ともいわれる、フットワークの基本ステップだ。右側に動くときは、踏み出した右足の着地とほぼ同時に左足を引き寄せ、左側に動くときは、踏み出した左足の着地とほぼ同時に右足を引き寄せる。歩くときは右足、左足と順序よく一方の足を追い越して進むが、シャセで動く場合は、前足をうしろ足が追い越さない動きになる。

バドミントンでは前後・左右・ななめなど、あらゆる方向へすばやく動かなければならない。フットワークにシャセを取り入れると、いろいろな方向にすばやく動けるようになる。

## STEP 1 シャセでななめ前に進む

| 人数 | 1人 | 回数 | 3往復 |
| --- | --- | --- | --- |
| 距離 | 3〜5コート分 | 時間 | 3分 |

シャセを使いながら、ジグザグに前に進む。

### Point 踏み出す足をしっかり曲げる

1. 練習者はコートの端から端までシャセで移動する。
2. 右ななめ前にシャセで移動したら、すぐに方向を切りかえて左ななめ前にシャセで移動する。
3. 慣れてきたら、同様の練習を小さなシャセで行う。

**ココが重要！**

前に踏み出す足はしっかり曲げる。上半身を起こして、頭が上下に動かないようにする。そのためには、ひざや腰を上下させないこと。

## STEP 2 シャセでななめうしろに進む

| 人数 | 1人 | 回数 | 3往復 |
| --- | --- | --- | --- |
| 距離 | 3〜5コート分 | 時間 | 3分 |

シャセを使いながら、ジグザグにうしろに進む。

### Point 腰をしっかり沈める

1. 練習者はコートの端から端までうしろ向きのシャセで移動する。
2. 左ななめうしろにシャセで移動したら、すぐに方向を切りかえて右ななめうしろにシャセで移動する。
3. 慣れてきたら、同様の練習を小さなシャセで行う。

**ココが重要！**

ヒザを曲げて腰を沈ませ、重心を低く保つ。進行方向に頭を動かしたくなるが、頭を上下させず、まっすぐに前を見る。試合では目線がブレるとミスにつながる。

第1章 基本技術と練習メニュー

## 22 フットワーク

### つま先をシャトルが落ちてくる方向に向ける
# 踏み込み足

いろいろなステップでシャトルの近くまで移動したら、踏み込み足のつま先をシャトルが落ちてくる方向に向けるクセをつけよう。

× 前のめりになると体が安定しないのでミスにつながる。力強いショットも打てない。

○ ネット前や左右に動いてシャトルを打つとき、踏み出した前足のつま先は、必ず打点方向に向ける。

　ネット前に動くときや左右へ動くとき、打つ直前に踏み出した足のつま先は、必ずシャトルが落ちてくるほうに向ける。
　例えば、ロブやヘアピンを打つときや、サイドレシーブをするときに、つま先がしっかりシャトルをとらえる方向に向いていると、体のバランスが安定する。この状態だとミスなく打ち返せるだけでなく、同じ体勢からいろいろなショットを打ち分けられる。
　逆につま先が正しい方向へ向いていないと、体がぐらぐらして体勢をくずしてしまいがちなので気をつけてほしい。

# STEP 1 サイドステップ

| 人数 | 1人 | 回数 | 3往復 |
| --- | --- | --- | --- |
| 距離 | 3～5コート分 | 時間 | 3分 |

足を引きつけるとき、両足の幅を少し開ける。

## Point つま先を外側に向ける

1. 練習者はコートの端から端まで、シャセで真横に移動する。進行方向側のつま先は、サイドにきたシャトルをとるつもりでやや外側に向ける。
2. 端についたら逆方向にも進む。

### ココが重要！

サイドステップでは、前後に動くシャセのように足を引きつけすぎず、両足の幅を少し広げながら進む。足を引きつけていないときは肩幅より広めに両足を開き、この間隔を保つ。

---

# STEP 2 クロスステップ

| 人数 | 1人 | 回数 | 3往復 |
| --- | --- | --- | --- |
| 距離 | 3～5コート分 | 時間 | 3分 |

左足を右足のうしろにクロス

左足を右足の前にクロス

## Point 腰をしっかりひねる

1. 練習者はコートの端から端まで左足を右足の前・うしろと交互にクロスさせながら横に移動する。
2. 端についたら逆方向にも進む。

### ココが重要！

上半身を動かさないように注意して、腰を大きくすばやくひねりながら移動する。視線は下に向けがちだが、まっすぐ前に向ける。

第1章 基本技術と練習メニュー

## 23 フットワーク

シャトルの落下点までしっかり動く
# 前後左右のフットワーク

コート内ですばやく動くために、まず腰を落としても上半身がぐらつかない動き方をおぼえ、そのあと、前後左右のフットワークを身につけよう。

100m走が速ければ、コート内での動きも同じように速いかというと、必ずしもそうではない。バドミントンにはうしろや横への移動など、普段の生活にはない動きがたくさんあるので、バドミントンのためのフットワークを身につけている人が速く動けるのだ。

バドミントンのフットワークのコツは、シャトルの落下点まですばやく動いても前のめりになったり、うしろにあおられたりしないこと。上半身がぐらぐらしたままシャトルを打つと、視線やフォームがブレてしまい、ミスをする原因になってしまう。

| STEP 1 | シャトル運び |

| 人数 | 1人 | 回数 | 1回×5セット |
| --- | --- | --- | --- |
| 道具 | シャトル | 時間 | 5分 |

ネット前のバック側やフォア側にだけシャトルを運ぶのでなく、さまざまな方向へ運ぶ練習をしよう。

**Point 体のバランスを保つ**

1. フォア側のネット前にシャトルを5個置く。練習者はコート中央に立つ。
2. シャセを使ってシャトルを1個取りにいき、ホームポジションに戻ってから、バック側のネット前へ運ぶ。
3. シャトルをすべてバック側に運んだら、今度はフォア側に運ぶ。

---

| STEP 2 | 前後のフットワーク |

| 人数 | 2人 | 回数 | 10回×5セット |
| --- | --- | --- | --- |
| 道具 | シャトル | 時間 | 5分 |

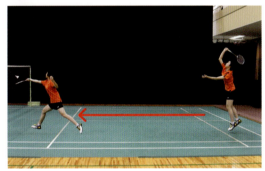

練習者はスマッシュを打ったあと、ショートリターンされたつもりで動く。ミスをしないようにする。

**Point すばやく動いてもミスをない**

1. 練習者はコート奥でスマッシュの素振りをしたあと、できるだけ速く前に出る。
2. 球出し役はネット際にシャトルを投げ、練習者はヘアピンかロブで返す。打ったら元の位置に戻り、これを繰り返す。
3. 球出し役は球出しの場所やタイミングを1球ごとに変える。

---

| STEP 3 | サイドのフットワーク |

| 人数 | 2人 | 回数 | 20回×5セット |
| --- | --- | --- | --- |
| 道具 | シャトル | 時間 | 5分 |

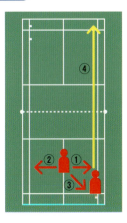

サイドへ動くとき、踏み込んだ足のつま先を外側へ向ける。

**Point バランスをくずさずに動く**

1. 練習者はコート中央に立つ。そこから右方向へ移動し、サイドアームストロークの素振りをする（①）。元の位置に戻ったら、バック側も同様に行う（②）。
2. もう一度、元の位置に戻ったら、フォア奥へ移動し（③）、球出し役が上げた球をスマッシュで返す（④）。

第1章　基本技術と練習メニュー

## 24 フットワーク

### フェイントされてもすばやく動く
# とっさに動けるフットワーク

試合では相手のフェイントにかかり、自分の予測とは違う方向へシャトルがとんでくることがある。そんな場面でもとっさに動けるようになろう。

　バドミントンは相手の予測とは違う場所にシャトルを打って、先手をとるスポーツだ。逆にいうと、自分の予測とは違う方向にシャトルを打たれることも多いということ。

　そうならないためには、相手のわずかな動きをよく見て、次にどこへどんなショットがくるか、すばやく読まなければならない。もし、予測が外れたら、動き始めた方向に動くのを止め、シャトルがとんでいく方向に体を切り返さなければならない。繰り返し練習して相手にだまされないようにし、だまされてもすばやくシャトルに反応できるようになろう。

## STEP 1 ミラーフットワーク

| 人数 | 2人 | 回数 | 50回 |
| --- | --- | --- | --- |
| 道具 | なし | 時間 | 5分 |

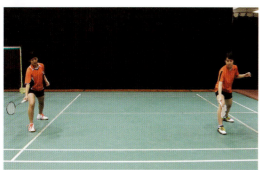

最初に動くほうは、右に動くそぶりを見せて実際は左に動くなど、だます動きを入れると練習効果が上がる。

### Point 鏡写しに動く

1. 練習者と補助者はコートに入り、向き合って立つ。補助者は自由にフットワークし、動いては素振りをする。
2. 練習者は、補助者がフォア側に動いたらバック側に動いて素振り。うしろに下がったら、自分もうしろに下がって素振りをする。鏡のように対称的に動く。

## STEP 2 指示フットワーク

| 人数 | 2人 | 回数 | 50回 |
| --- | --- | --- | --- |
| 道具 | なし | 時間 | 5分 |

指示者は声で動く方向を示してもよい。また、フェイントの動きを入れると難しさが増す。

### Point 指示者の声に早く反応する

1. 練習者と指示者はコートの片側に入る。
2. 指示者が動く方向を指示し、練習者は指示された方向へ動く。
3. 大人数で練習したり、指示された方向と逆へ動くことにしたりすると、バリエーションが増える。

## STEP 3 サイドのフットワーク

| 人数 | 2人 | 回数 | 20回 |
| --- | --- | --- | --- |
| 道具 | なし | 時間 | 10分 |

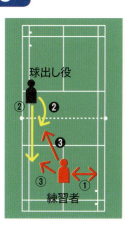

サイドへのフットワークはつま先を外側に向ける。シャトルを打つときは、足をしっかりと踏み込む。

### Point プッシュかヘアピンかすぐ判断

1. 練習者はコート中央に立ち、フォア側のサイドラインにタッチして戻る（①）。
2. 球出し役はプッシュ（②）かヘアピン（❷）を想定して手投げする。
3. 練習者はプッシュが来たらロブ（③）、ヘアピンが来たらヘアピン（❸）で返す。反対側も同様に行う。

第1章 基本技術と練習メニュー

**コラム**

# バドミントンの特性を知ろう！

バドミントンはシャトルをラケットで打ち合うスポーツだ。その特性をよく知って、どんな練習をしたらよいかのヒントにしよう。

## 特性1：多彩なショット

　バドミントンの最大の特性といえば、シャトルが複雑な形をしていて、ショットが多彩なことだ。それがバドミントンの魅力にもなっている。

　シャトルの特徴として、とぶスピードがとにかく速いことがあげられる。テニスのサービスが時速250kmくらいであるのに対し、バドミントンは時速400kmを超える。2014年にマレーシアの選手が出した時速493kmは、ギネス世界記録に認定された。

　ただし、シャトルが相手のコートに達したときには、時速100kmくらいに落ちている。シャトルを打った直後は、羽根の部分がしぼんでいるので速くとぶが、距離を伸ばすにつれ、羽根が広がっていき、空気抵抗が増して速さが落ちるのだ。

　例えば、高く遠くへとばしても、一定までとんだら急激に落ち始めるクリアーは、この性質を生かしたバドミントンならではのショットだろう。逆にスマッシュは、鋭く打ち込むことで、スピードが落ちきる前に相手コートに達する。

　このようにバドミントンにはショットの種類が多く、これらをうまく組み合わせて戦うことが特性のひとつだ。

## 特性2：パワーとスタミナの両方が必要

　体力面では、パワーとスタミナの両方が求められる。通常、バドミントンの試合は30分程度だが、最終ゲームまでもつれると1時間以上になることもある。1回のラリーが30秒以上続くこともあれば、ラリー中、スマッシュのように力強いショットを打つ場面もある。

　マラソン選手のような2時間以上を走り抜く持久力は必要ないが、30秒全力で動いたら、少し休んでまた動くということを繰り返せる体力が必要だ。

## 特性3：相手のコートに返球し続ければ、負けることはない

　バドミントンは「相手より先にシャトルを床に落とさない回数」がどれだけ少ないかを競うスポーツだ。逆にいえば、ずっと相手のコートにシャトルを返し続けることができたら、少なくとも負けることはない。だから、プレーするときは「自分がどうしたら確実に返球できるか」を優先的に考え、そのあと、「どうしたら相手が返球できないか」という戦略を立てるとよいだろう。

第2章

# ゲームを想定した実戦・練習メニュー

## 01 シャトルに慣れる

ゲーム形式で打ち合う
# 笑ってシャトルを打つ

「シャトルを打つのが楽しい！」と思えれば、バドミントンはぐんぐん上達する。長く打ち合って、みんなで笑おう。

　ラケットを握ったばかりの人が、「シャトルを打つのが楽しい！」と最初に感じるのは、相手とラリーが何度も続いたときだろう。基本的な打ち方がわかったら、次にラリーを続ける楽しさをおぼえよう。

　ラリーする楽しさを知るためには、大人数で変則的なゲームをしたり、コートの広さを限定した打ち合いをしたりするなど、"ラリーを続けるための練習"を取り入れるとよい。ラリーを続けられれば、もっとうまくなりたいと思えるはず。さらに、相手と駆け引きができるようになったら、もう立派なバドミントン選手だ。

## STEP 1　全員ゲーム

| 人数 | 10人 | 回数 | 1回 |
|---|---|---|---|
| コート | 全面 | 時間 | 5分 |

1回打ったら次の人に交替する。次の人が打ちやすい球を相手に返させるように、どこに打てばよいか考えてラリーしよう。

### Point 打ったら次の人に交替する

1. 1チーム5人に分かれ、両側のバックバウンダリーラインのうしろに順番に並ぶ。
2. サービスから始め、ラリーを行う。1回打ったらコートの外に出て、次の人と交替する。これを繰り返す。
3. 試合形式で行い、11点を先に取ったチームが勝ちとなる。

---

## STEP 2　コート限定ゲーム

| 人数 | 2人か4人 | 回数 | 1回 |
|---|---|---|---|
| コート | 一部 | 時間 | 5分 |

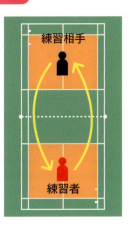

最初はゆっくりとしたラリーから始めよう。じょじょに相手に攻撃させないコースを考えて打つ。

### Point ラリーの楽しさを知る

1. シャトルを打ってよい範囲をオレンジ色の部分に限定し、1対1、もしくは2対2で試合をする。11点を先に取ったほうが勝ちとなる。
2. この範囲に限定すると、おたがいにネット際やコート奥まで打てないので、初心者でもラリーをしやすい。

---

## STEP 3　サイドラインゲーム

| 人数 | 2人 | 回数 | 1回 |
|---|---|---|---|
| コート | 一部 | 時間 | 5分 |

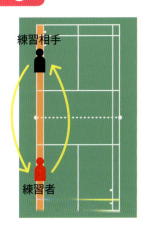

スペースが縦に細いので、サイドアウトしないことはもちろん、相手に取られにくい高さをよく考えながら打つこと。

### Point シャトルをコントロールする

1. シャトルを打ってよい範囲をシングルスのサイドラインと、ダブルスのサイドラインの間に限定し、1対1で試合をする。11点を先に取ったほうが勝ちとなる。
2. 試合ではサイドアウトで点を失うことが多いので、この練習でコントロール力をみがく。

第2章　ゲームを想定した実戦・練習メニュー

## 02 シングルス

### ねらった場所に正確に打つ
# コート四隅(よすみ)に打ち分ける

広いコートを1人で攻(せ)め、守らなければならないのがシングルスだ。コート四隅(よすみ)にシャトルを正確に打つことが攻守(こうしゅ)の基本になる。

シングルスで勝つためのポイントは、対戦相手にシャトルをどこに打つかわからせないようにして、相手をたくさん動かすことだ。

例えば、ロブかヘアピンか相手にわからせないフォームでネット前に入り、相手がとまどっている間に攻めのロブを打つ。相手をコート奥(おく)に押(お)し込(こ)んで、苦しそうにシャトルを返してきたら、その球を空いたスペースにたたきこむ。このように相手をたくさん走らせ、空いたスペースに決定打を打つのがシングルスの基本だ。

こういった展開をするために、まずはコート四隅(よすみ)へ正確にシャトルを打てるようにしよう。

## STEP 1　オールロング

| 人数 | 2人 | 回数 | 1回 |
|---|---|---|---|
| コート | 半面 | 時間 | 5分 |

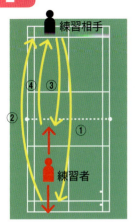

コート奥に正確に打つのが練習の目的だが、前後のフットワークも鍛えられる。可能な限りラリーにして続ける。

**Point　すべてコート奥に返す**

1. 練習相手がクリアー（①）を打ったら、練習者はクリアー（②）を打つ。
2. 練習相手がドロップ（③）を打ったら、練習者はロブ（④）を打つ。
3. 始めのうち、練習相手はクリアーとドロップを交互に打つが、慣れてきたらランダムに打つ。

---

## STEP 2　オールショート

| 人数 | 2人 | 回数 | 1回 |
|---|---|---|---|
| コート | 半面 | 時間 | 5分 |

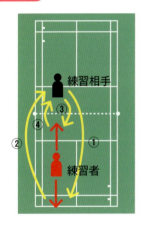

ネット前に正確に打つのが練習の目的だが、シングルスに必要なスタミナ強化にもなる。可能な限りラリーにして続ける。

**Point　すべてネット前に返す**

1. 練習相手がロブ（①）を打ったら、練習者はドロップまたはカット（②）を打つ。
2. 練習相手がヘアピン（③）を打ったら、練習者はヘアピン（④）を打つ。
3. 始めのうち、練習相手はロブとヘアピンを交互に打つが、慣れてきたらランダムに打つ。

---

## STEP 3　1点返し

| 人数 | 2人 | 回数 | 1回 |
|---|---|---|---|
| コート | 全面 | 時間 | 5分 |

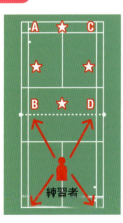

練習者はコート四隅に動かされたときの体の使い方を学ぶ。慣れてきたら、練習相手の立つ位置を、☆印の場所にかえてもよい。可能な限りラリーにして続ける。

**Point　必ず同じ場所に返す**

1. 練習相手はA〜Dのどこかに立ち、練習者のコート四隅に自由に打つ。
2. 練習者は、どこに打たれても練習相手が立っている場所に返す。
3. 練習相手がAかCに立つ場合は、奥へしっかりと返すことを意識し、BかDの場合はネットから浮かないように打つ。

第2章　ゲームを想定した実戦・練習メニュー

## 03 シングルス

よい体勢を保って動く
# 前後の動きに強くなる

シングルスは1人でコートを動き回るため、運動量が多い。とくに前後の動きが多くなるので、効率的に動くための練習を必ずしよう。

シングルスはダブルスに比べて、ネット前にすばやく動いて決めにいったり、急いでうしろへ守りにいったりするなど、前後に大きく動くことが多い。そのため、前後にゆさぶられたときのフットワークや体の使い方を、普段から練習しておかなければならない。

急いで前に打ちにいくと、走り込んだ勢いを止められず前のめりになることがある。逆にうしろに急ぐと重心が残ってしまうことがある。そうならないように、打ったあとは次の球を取りにいくことを考えて、常に重心を一点に傾けすぎないように心がけよう。

## STEP 1　カット&ヘアピン交互

| 人数 | 2人 | 回数 | 1回 |
|---|---|---|---|
| コート | 半面 | 時間 | 5分 |

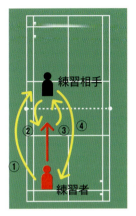

### Point　体勢をくずさずに打つ

1. 練習者はカット（①）を打つ。練習相手はヘアピン（②）で返す。練習者はそれをヘアピン（③）で返す。
2. 練習相手はそれをロブ（④）で返し、練習者は①に戻る。
3. カット→ヘアピン→ヘアピン→ロブという順番を繰り返す。

カットを打ったあとに重心がうしろに残らないよう、ヘアピンを打つときは、前のめりにならないように注意する。前後に動くときの重心の保ち方をおぼえる。

---

## STEP 2　半面シングルス

| 人数 | 2人 | 回数 | 1回 |
|---|---|---|---|
| コート | 半面 | 時間 | 10分 |

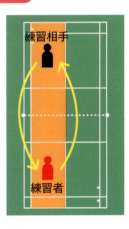

### Point　前後に相手を動かす

1. コートを半面に限定して、シングルスの試合をする。
2. 1球ずつ打つ球の高さや速さをかえて、相手を前後にしっかり動かすことを意識する。相手から中途半端な高さのショットが返ってきたら、スマッシュやカット、プッシュで決める。

ロブやハイクリアーはしっかり奥まで、ヘアピンはネット際に打つ。シャトルを取りにいくとき、できるだけ速く動くことを心がけるとチャンスが生まれる。

---

## STEP 3　スマッシュ&プッシュ

| 人数 | 4人 | 回数 | 20回×3セット |
|---|---|---|---|
| コート | 半面 | 時間 | 10分 |

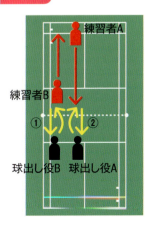

### Point　全力でプッシュを決める

1. 練習者Aはうしろでスマッシュの素振りをする。その間に、練習者Bは球出し役Bが出した球をプッシュする（①）。
2. Aは素振りのあと、すばやく前に出て、球出し役Aが出した球をプッシュする（②）。同時にBはうしろに下がって素振りをする。これを交互に繰り返す。

練習者Aはフォア側、練習者Bはバック側の練習になるので、3セット打ち終わったら立ち位置を交換する。

## 04 シングルス

相手を攻めて得点する
# 攻撃力をつける

相手のミスを待つだけでなく、自分でラリーを断ち、点を決めることが勝利への近道だ。相手の体勢をくずして、決められるチャンスを自分でつくろう。

コート奥から何度スマッシュを打っても、打ち続けるだけでは決して点は入らない。しかし、相手が打ったクリアーやロブが、コート奥に届かなかったときに打つスマッシュは、決まる確率が高くなる。また、相手をコートの端に寄せて、空いたスペースにプッシュを打ち込んだときも決まる確率が高い。

「攻撃力をつける」とは、スマッシュやプッシュといった攻撃的なショットの質を高めると同時に、それらを決めやすい場面を自分でつくることでもある。この2点を頭に入れて、「攻める」練習をしよう。

## STEP 1　2対1の攻撃練習

| 人数 | 3人 | 回数 | 1回 |
|---|---|---|---|
| コート | 全面 | 時間 | 10分 |

練習者は、同じフォームからいろいろなショットを繰り出して、点を決めるチャンスをつくる。

### Point　攻撃的なショットの質を高める

1. 練習者1人対練習相手2人で打ち合う。練習相手はサイド・バイ・サイドの陣形（→P.78）になり、スマッシュなしで返す。練習者は積極的に攻める。
2. 相手が2人いるので、何度攻めても返球は早いが、我慢してすばやく動き、攻め続ける。

---

## STEP 2　全面対半面の攻撃練習

| 人数 | 2人 | 回数 | 1回 |
|---|---|---|---|
| コート | 全面 | 時間 | 10分 |

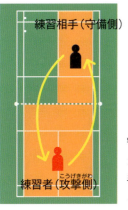

守備側のコートは、左右をかえて練習を行う。練習相手にとっては守る練習になる。

### Point　せまいスペースに決めきる

1. 練習者はコートの半面だけを攻め、練習相手はその半面を守り、全面へ返す。練習相手はスマッシュを打たない。
2. 守備側は半面しか守る範囲がないので、攻撃側は決めにくい。スマッシュやカット、ドリブンクリアーなど、ショットやコースを使い分けて攻める。

---

## STEP 3　カウンター攻撃

| 人数 | 2人 | 回数 | 5回 |
|---|---|---|---|
| コート | 全面 | 時間 | 10分 |

やや難しいが、逆サイドも練習したほうがよい。

### Point　攻めのロブを攻め返す

1. 練習相手はヘアピン（①）を打つ。練習者はそれを高めのヘアピン（②）で返す。
2. 練習相手は練習者のフォア奥に攻めのロブ（③）を打ち、攻撃をしかける。
3. 練習者はコート奥にすばやく移動してストレートにスマッシュ（④）して決める。途中でとびついて打ち返してもよい。

第2章　ゲームを想定した実戦・練習メニュー

# 05 シングルス

## 守ってチャンスをつくる
## 守備力をつける

相手のシャトルをすべて打ち返せれば、少なくとも負けることはない。相手に攻められてもしっかり守りきり、攻めるチャンスをつくろう。

攻められているときは、誰でも焦ってしまう。しかし、そういうときこそコート奥までしっかりシャトルを返そう。そうすれば、相手が強いスマッシュを打ってきても、自分の手元に届くまでにシャトルは遅くなっていて、しっかりレシーブできるはずだ。相手の動きが速くて追いつけないときも、クリアーやロブをコート奥に打ち、落ち着いて体勢を立て直すとよい。

攻撃されてもしっかり奥に返せるようになったら、相手から遠い位置にレシーブするなどして、相手を走らせるコースを考え、攻守を逆転できる方法を探してみよう。

## STEP 1　2対1の守備練習

| 人数 | 3人 | 回数 | 1回 |
|---|---|---|---|
| コート | 全面 | 時間 | 10分 |

練習者は手だけで打たないよう、足をシャトルの落下点の方向へ向け、しっかりと踏み込む。

### Point　すばやく動き守り続ける

1. 練習者1人対練習相手2人で打ち合う。練習相手はトップ&バックの陣形(→P.78)になり、練習者をひたすら攻め続ける。
2. 練習者は、すべてコート奥に返すのではなく、ネット前にも返すなど、攻められているなかでもレシーブが単調にならないように変化をつける。

---

## STEP 2　ショートリターン

| 人数 | 2人 | 回数 | 1回 |
|---|---|---|---|
| コート | 全面 | 時間 | 10分 |

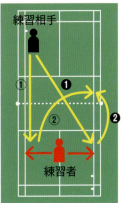

クロスにショートリターンするほうがやや難しい。

### Point　攻撃側をたくさん動かす

1. 練習相手は、ストレートにスマッシュ(①)か、クロスにスマッシュ(❶)を打つ。練習者は①が来たらクロスにショートリターン(②)、❶が来たらストレートにショートリターン(❷)する。
2. 攻撃側をたくさん走らせるつもりでショートリターンする。

---

## STEP 3　攻撃なしゲーム

| 人数 | 2人 | 回数 | 1回 |
|---|---|---|---|
| コート | 全面 | 時間 | 10分 |

攻められているとき、守りながらも自分が攻撃するチャンスをつくることを忘れない。

### Point　攻撃につながる配球を探す

1. 全面でシングルスのゲームをする。
2. 練習相手は、どんなショットを使ってもよいが、練習者はスマッシュ、プッシュを使ってはいけない。
3. 練習者は攻められるばかりの苦しい状況だが、自分が攻撃できるような球を相手に上げさせる配球を見つける。

## 06 シングルス

### 相手に何を打つかわからせない
# フェイント力をつける

バドミントンのラリーは速いため、一瞬でも相手の動きを遅らせることができたら、有利に立てることが多い。相手をまどわすフェイント力をつけよう。

相手にとって予想外のショットやコースを打つことをフェイントという。フェイントを使うことで相手の足は止まり、試合を優位に運ぶことができる。シャトルの動きは速いので、ほんの一瞬遅らせるだけで状況が優位にかわるのだ。フェイントを上手に使えれば、長いラリーをしなくても簡単に点を取れ、余計に動かなければならない分、相手の体力を消耗させられるという利点がある。さらに同じ体勢からいろいろなショットが打てることを見せておくと、相手に迷いが生じ、基本的なショットでも簡単に決められる可能性も出てくる。

## STEP 1　オーバーヘッドのノック

| 人数 | 2人 | 回数 | 30回×5セット |
|---|---|---|---|
| コート | 半面 | 時間 | 10分 |

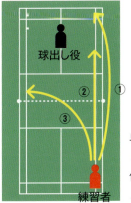

早くシャトルの下に入り、どんなショットでも打てる体勢をつくることがフェイントの基本になる。

### Point　同じ体勢で違うショットを打つ

1. 球出し役はフォア奥にいる練習者に高くシャトルを打ち上げる。
2. 練習者はシャトルの下に入り、ストレートクリアー（①）、ストレートスマッシュ（②）、クロスカット（③）を順番に打つ。できるだけ同じフォームで打つこと。
3. バック側も同様に行う。

---

## STEP 2　ネット前からコースをかえる

| 人数 | 3人 | 回数 | 1回×2セット |
|---|---|---|---|
| コート | 全面 | 時間 | 10分 |

オーバーヘッドのときと同様に、早くシャトルの下に入り、どんなショットでも打てる体勢をつくる。相手への威嚇にもなる。

### Point　四隅に同じ体勢で打つ

1. 練習者1人対練習相手2人でコートに入る。練習者は、バック側のネット前（バック前）に立って、ロブ（①）かヘアピン（②）をストレート、もしくはクロスにできるだけ同じフォームで打つ。
2. 練習相手は、すべてバック前に返す。
3. フォア側も同様に行う。

---

## STEP 3　打つタイミングをかえる

| 人数 | 3人 | 回数 | 1回 |
|---|---|---|---|
| コート | 全面 | 時間 | 5分 |

わざと高い打点で取らず、遅らせて打つ。試合では、ときどき遅らせて打つショットを交ぜるのが効果的だ。

### Point　わざと打つのを遅らせる

1. STEP 2の応用編。ヘアピンやロブを同じフォームで打てるようになったら、わざと打つタイミングを遅らせる。
2. ヘアピンやロブの基本はなるべく高い位置で打つことだが、わざと打点を下げることで相手のリズムをくずせる。
3. 慣れたら、いろいろなタイミングで打とう。

第2章　ゲームを想定した実戦・練習メニュー

## 07 ダブルス

攻めと守りの陣形をおぼえよう
# トップ＆バックとサイド・バイ・サイド

ダブルスの陣形には攻めるときのトップ＆バックと、守るときのサイド・バイ・サイドがある。自分たちの状況を考えて、立ち位置をかえよう。

トップ＆バック　後衛／前衛

サイド・バイ・サイド

　ネット前にいる選手を「前衛」といい、コートの後方にいる選手を「後衛」という。また、ネット際に来たシャトルに早くさわって点を決めたり、相手にシャトルを上げさせたりするプレーが得意な選手を「前衛」、コート後方での攻撃が得意な選手を「後衛」と呼ぶこともある。

　2人が前とうしろの縦並びになる攻撃重視の陣形を「トップ＆バック」、2人が横並びになる守備重視の陣形を「サイド・バイ・サイド」という。ラリーの中で攻めるときと守るときは常にかわるので、その状況を見極め、1球ごとに陣形をかえていくことが大切だ。

# STEP 1 攻めのかたちをおぼえる

コート前方は前衛、コート後方は後衛が担当する。

2人を結ぶ線を底辺にする二等辺三角形の頂点近くに来た球は弱点になる。

## Point トップ&バックは縦並び

1. 1人がコート前方（前衛）、もう1人が後方（後衛）に立つ。
2. 前衛の役割は、ネットの前にきた球を取ること、後衛の役割は、コート奥でスマッシュやカットで攻めることを理解する。「トップ&バック」のときはサイドが弱点になることを意識しよう。

# STEP 2 守りのかたちをおぼえる①

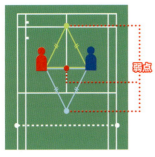

2人を結ぶ線を底辺にする二等辺三角形の頂点近くと、2人の間に来た球は弱点になる。

## Point サイド・バイ・サイドは横並び

1. 2人がショートサービスラインとロングサービスラインの間で横並びになる。
2. クリアーやロブなど高く遠くへシャトルを上げたあとは、相手に攻撃される可能性が高いので、すぐにこの陣形になる。「サイド・バイ・サイド」のときは、2人の間が弱点になることを意識しよう。

# STEP 3 守りのかたちをおぼえる②

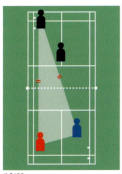 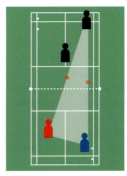

攻撃してくる相手選手を頂点にし、2人を結ぶ線を底辺にした二等辺三角形をつくるように動く。

## Point 二等辺三角形をつくる

1. コートに2人ずつ入って打ち合う。
2. クリアーやロブを打ったあと、すぐに「サイド・バイ・サイド」になる。このとき、攻撃してくる相手選手を頂点にし、2人を結ぶ線を底辺にした二等辺三角形をつくるように動く。相手がコート奥から攻めてきたら、その選手のクロス側にいる選手が少し前に出るようにする。

第2章 ゲームを想定した実戦・練習メニュー

# 08 ダブルス

ローテーションをおぼえて正しい位置に動く
## フォアで打てるようにする

状況(じょうきょう)に応じて陣形(じんけい)をかえていくことを「ローテーション」という。2人で息を合わせ、大きく空いたスペースをつくらないようにする。

反時計まわりで動く

得点するためにはできるだけトップ&バックの陣形(じんけい)になれるように、ラリーを組み立てていくことが大切だ。そのため、右きき同士で組んだときは、なるべく反時計まわりでおたがいの位置をかえていくとよい。

フォアハンドのほうが力強く攻(せ)めることができるため、反時計まわりで動くと、うまく攻撃(こうげき)ができる。反時計まわりで攻(せ)められるようになったら、時計まわりでも攻(せ)められるように練習する。逆の立場で考えると、相手のフォア側にシャトルを上げないようにし、相手を反時計まわりで動かさないようにすると有利になる。

## STEP 1 小さくローテーションする

| 人数 | 3人 | 回数 | 10回×5セット |
|---|---|---|---|
| コート | 半面 | 時間 | 5分 |

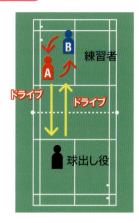

球出し役が出したシャトルを、練習者はローテーションしながら1人ずつドライブで返す。コート半面で行う。

### Point 打っていない間も足を動かす

1. 練習者2人と球出し役1人がネットをはさんで立つ。
2. 球出し役はドライブを打つ。練習者Aもドライブで返す。
3. 練習者Aは、反時計まわりに動き、その間に、練習者Bが反時計まわりで入ってドライブを打つ。これを繰り返す。

## STEP 2 前に出てドライブ

| 人数 | 3人 | 回数 | 10回×5セット |
|---|---|---|---|
| コート | 半面 | 時間 | 10分 |

1回目はバックハンドでドライブ、2回目のドライブは、フォアハンドでシャトルの下にもぐり込むように打つ。球出し役は2回連続で出すので、球を上げる位置に気をつける。

### Point 連続ドライブを想定する

1. STEP1の応用編。球出し役はコート奥へシャトルを打つ。練習者Aはドライブ（①）を打ったあと、すぐに前へ出て、もう一度ドライブ（②）を打つ。
2. 反時計まわりに動き、練習者Bも同じようにドライブを2回打つ。これを繰り返す。

## STEP 3 4組でローテーション

| 人数 | 8人 | 回数 | 5分×2セット |
|---|---|---|---|
| コート | 全面 | 時間 | 10分 |

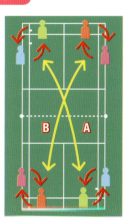

前に出たときにシャトルをとらえるふうにする。

### Point クロスに打ちながら入れかわる

1. コートの四隅に2人ずつ入り、STEP1のようにローテーションしながら対角線上に打ち合う。
2. 対角線Aで打ち合う人は反時計まわりで、対角線Bで打ち合う人は時計まわりでローテーションする。
3. 5分経ったら、AとBを交替する。

## 09 ダブルス

サービスまわりで有利に立つ①
# サービスと3打目で先手を握る

サービスから3〜5打目までのラリーを「サービスまわり」という。サーバー側にとっては3打目までで主導権を握ることが、ラリーを制するカギとなる。

　バドミントンのサービスは腰より下で打つので攻撃的にはならず、レシーバー側が有利だ。そのため、サービスの際はできるだけ相手に攻撃されないように打たなければならない。

　ダブルスではほとんどの場合、ショートサービスを使う。できるだけネットの上すれすれに打ち、相手に攻撃されないようにするのがコツだ。ロングサービスはショートサービスだと思っている相手の予測を外すために打つことが多い。どちらも正確に打てれば、相手の返球コースが読みやすくなる。3打目に少しでも早く対応することが、ラリーで優位に立つコツだ。

## STEP 1 ショートサービス＆3打目

| 人数 | 3人 | 回数 | 1回 |
|---|---|---|---|
| コート | 全面 | 時間 | 10分 |

練習者はサービスを打ったあと、次の球がどこへ来ても対応できるように、足をすばやく左右に開く。

### Point サーバーは3打目で攻撃する

**1** 練習者2人と球出し役1人がネットをはさんで立つ。練習者はショートサービスを出す（①）。球出し役はそれを練習者の正面や左右に打ち返す（②）。

**2** 練習者はトップ＆バックの陣形を保つために、3打目を常に攻撃的にする意識を持つ。打ち終わったら次の人に交替する。

第2章 ゲームを想定した実戦・練習メニュー

## STEP 2 ロングサービス＆3打目

| 人数 | 3人 | 回数 | 1回 |
|---|---|---|---|
| コート | 全面 | 時間 | 10分 |

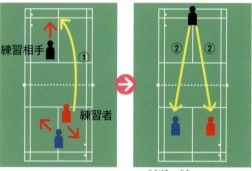

ロングサービスがきいて相手の攻撃が甘いときはトップ＆バックを維持する。

### Point サーバーは守りの体勢になる

**1** STEP1と同じかたちからスタート。練習者はバックハンドでロングサービス（①）をし、相手からの攻撃を想定してサイド・バイ・サイドの陣形になる。

**2** 練習相手は練習者2人にスマッシュやカットで攻撃する（②）。レシーブしたら、同じことを繰り返す。

## VARIATION サービス時、サインを出すときの注意点

　サービスを打つ前、自分がどんなサービスを打つか、パートナーに指でサインを送るペアがいる。どんなサインかはペアによって異なる。サインの意味は、ショートサービスかロングサービスかを示しているだけのペアもいるし、もっと細かくコースを伝え合っているペアもいる。もちろんサインを使うかどうかもペア次第だ。

　サインを使うときに気をつけたいのは、サーバーもパートナーも、サインにこだわりすぎないほうがよいということだ。サインのあとで打ち始めたとき、相手の雰囲気でやはり違うサービスのほうがよいと判断することもあるからだ。サインを使うペアは、必ずしもサイン通りのサービスにならない場合があることを、パートナーと確認しておくとよいだろう。

## サービスまわりで有利に立つ②
# 2打目と4打目で先手を握る

ダブルスは、いかに相手に球を上げさせて攻撃できるかで勝敗が分かれる。サービスレシーバーは2打目から相手のコートに押し込もう。

　サービスをレシーブするときは、4打目で攻撃できるように、シャトルを相手のコートに角度をつけて落とすことが大切だ。

　サーバーは強い球を返されないようにサービスの打ち方を工夫してくるが、少しでもショートサービスがネットから浮いてきたら、すばやく反応し、角度をつけたショットで返す。また、ショートサービスばかり意識していると、不意打ちでロングサービスを打たれ、反応が遅れてしまうことがある。そんなときもできるだけクリアーやドロップは使わず、スマッシュで攻撃するようにしよう。

## STEP 1 ショートサービスの返球コースをおぼえる

| 人数 | 3人 | 回数 | 1回 |
|---|---|---|---|
| コート | 全面 | 時間 | 5分 |

球出し役（サーバー）

練習者

サービスレシーブ側

1球ごとに前衛と後衛を交替する。①～④への返球に慣れたら、相手のフォア側へのコースも増やしていこう。

### Point 相手にシャトルを上げさせる

1. 練習者は球出し役にネット越しにショートサービスを出してもらい、①～④に打ち分ける。
2. ①サーバーの体の近くや後方、②ネット前、③バック奥、④前衛と後衛の間の4か所をねらう。サービスレシーブでは、コースを読ませないことが大事だ。

---

## STEP 2 素振り＆ノック

| 人数 | 3人 | 回数 | 1回 |
|---|---|---|---|
| コート | 半面 | 時間 | 5分 |

2打目と4打目を角度をつけて返すことができれば、攻撃を続けられる。

### Point 角度をつけて打つ

1. 練習者はサービスレシーブの素振りをする。
2. 球出し役は素振りをした練習者にシャトルを出す。その際、コート奥や練習者の体の近くなどをねらう。
3. 1球ごとに前衛と後衛を交替する。

---

## STEP 3 サービスレシーバーが3打目を止める練習

| 人数 | 4人 | 回数 | 1回 |
|---|---|---|---|
| コート | 全面 | 時間 | 5分 |

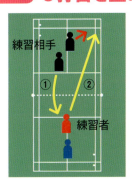 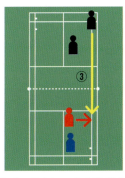

練習相手

練習者

前衛は相手後衛の返球を読んで、ストレート方向にすばやく動き始めること。

### Point 4打目で決める

1. 練習者の前衛は相手からのサービス（①）をバック奥にプッシュ（②）する。
2. 練習相手の後衛は、練習者を抜くようにしてストレート方向に返す（③）。
3. 練習者の前衛は返球された球にとびついて止める。ここでラリーが途切れなかったら、ゲーム形式でラリーを続ける。

第2章 ゲームを想定した実戦・練習メニュー

## 11 ダブルス

ネット前で相手のショットを止めて点を決める
# 「前衛力」をみがく

相手との距離（きょり）が近い前衛は、相手のショットやコースを予測し、シャトルが来る確率が高いほうにすばやく動くことが大切だ。

　前衛の役割はふたつある。ひとつ目は、相手からの低い返球や、ネット近くに来る球にできるだけ早くさわって、後衛が攻撃（こうげき）しやすい球を相手に上げさせることだ。ふたつ目は、後衛が攻撃（こうげき）したあと、相手のレシーブがネットの上やコートの中央近くに高めに上がってきたとき、すかさずプッシュなどで攻撃（こうげき）することだ。

　どちらの場合も、1回打っただけでは決まらないことが多いので、連続して攻（せ）めるための準備をしておこう。前衛が相手のショットやコースがどこに来るか予測して、早く準備できると、攻撃（こうげき）のチャンスが広がる。

## STEP 1　2対1のプッシュ&レシーブ

| 人数 | 3人 | 回数 | 1回 |
|---|---|---|---|
| コート | 全面 | 時間 | 5分 |

打ったあと、すぐにラケットをネットより高く上げてかまえ、返球に備えること。

### Point 左右に動いてコースを打ち分ける

1. 練習者1人対練習相手2人で打ち合う。
2. 練習者はネット前に立ち、サイド・バイ・サイドの陣形になった練習相手のレシーブを、すべてプッシュで返す。このときストレートとクロスを打ち分ける。
3. 練習相手は、練習者をできるだけ左右に動かすようにレシーブする。

---

## STEP 2　3対2の全面練習

| 人数 | 5人 | 回数 | 1回 |
|---|---|---|---|
| コート | 半面 | 時間 | 5分 |

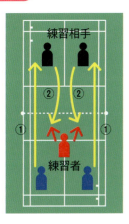

練習者は、後衛がよいスマッシュを打ち、球が浮いてきたときはプッシュで決める。スマッシュが悪く、ドライブレシーブがきたときは、しっかり止めて前に落とす。

### Point 後衛の攻撃を生かす

1. 3人と2人に分かれてコートに入る。練習者は3人組の前衛になる。
2. 3人組の後衛のどちらかがスマッシュ（①）を打ったら、練習相手はレシーブ（②）する。
3. 後衛が2人なので展開が速いが、練習者はレシーブを読んで返球する。

---

## STEP 3　2対2の全面練習

| 人数 | 4人 | 回数 | 1回 |
|---|---|---|---|
| コート | 全面 | 時間 | 5分 |

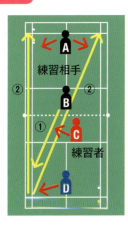

Cが決められなかったら、そのままラリーを続けて、ドライブ対ドライブで打ち合う。

### Point 相手のドライブを止める

1. 2人ずつに分かれ、どちらもトップ&バックの陣形になる。
2. Bがドライブ（①）を打ったあと、Dは相手のコート奥にドライブ（②）を打つ。これをAがドライブでコート奥に返す。
3. CはAの返球がどこに来るか予測して、ドライブをさわりにいく。

## 12 ダブルス

### コートの後方から攻めて、決める&上げさせる
# 「後衛力」をみがく

攻撃力に自信がある人にとって、スマッシュを打つ機会の多い後衛は楽しい役割だ。しっかり打って得点につなげよう。

　後衛には役割がふたつある。ひとつ目は、コート後方に上がってきたシャトルをスマッシュなどで打ち、点を決めることだ。ふたつ目は相手のコートに角度のある球を返し、相手に上げさせて、前衛が決めやすくすることだ。そのため、後衛には攻撃が得意な人がつくことが多い。

　また、前衛がとらえきれなかった球を打つため、後衛にはコートを広くカバーする走力も求められる。前衛からは後衛の立ち位置が見えないので、コートのどこに立てばすきがなくなるか、攻撃のチャンスが広がるのかなどを、前衛の動きを見て考えることも後衛の役割だ。

## STEP 1 連続スマッシュ

| 人数 | 2人 | 回数 | 15回×5セット |
| --- | --- | --- | --- |
| コート | 全面 | 時間 | 5分 |

球出し役は、センターやサイドに立ち位置をかえながら行う。

### Point 動きながら攻め続ける

1. 練習者と球出し役はネットをはさんで立つ。球出し役はコート後方に高く球を上げる。なるべく練習者を動かすように配球する。
2. 練習者はスマッシュを打つ。出された球によって、とびついて打ったり、全力の80％で打ったりと、打ち方をかえる。

## STEP 2 2対1のつなぎ練習

| 人数 | 3人 | 回数 | 1回 |
| --- | --- | --- | --- |
| コート | 全面 | 時間 | 5分 |

練習者は前衛がいるつもりで、コート奥から取りにいく。

### Point カバー力を養う

1. 練習者1人対練習相手2人で打ち合う。練習相手のどちらかがドライブを打つ。練習者は後衛のつもりで、ショットやコース、速さをかえながら打ち返す。
2. パートナーの前衛が球を止められなかったため、後衛の練習者がカバーするという場面を想定している。

## STEP 3 2対1のスマッシュ＆ドライブ練習

| 人数 | 3人 | 回数 | 1回 |
| --- | --- | --- | --- |
| コート | 全面 | 時間 | 5分 |

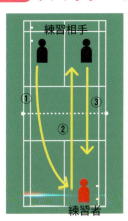

相手にシャトルを上げさせる意識を持って練習する。

### Point 決めるためのコースを考える

1. 練習者はコートの半面を使い、練習相手2人は全面を使う。
2. 練習相手がフォア奥にロブ（①）を打ってきたら、スマッシュ（②）を打つ。
3. 練習相手からストレートのドライブ（③）がきたら、練習者は決められそうなコースを考えて打つ。

第2章 ゲームを想定した実戦・練習メニュー

## 13 ダブルス

### どんな球もレシーブする
# 「守備力」をみがく

相手の攻撃に威力があったり、球が速かったりすると、どうしても守りに入りがちだ。厳しい場面をしっかりしのぐ方法もおぼえよう。

　ダブルスの守り方の基本は、2人がサイド・バイ・サイドの陣形になり、相手のスマッシュやカットなどの攻撃に対し、しっかり準備することだ。

　しかし、攻められ続けると、レシーブが苦手な人が集中的にねらわれ、2対1のような状態にさせられることがある。また、2人が焦って同時にシャトルを追ってしまい、コートに空きスペースができることもある。

　そこで、レシーブ力をつけ、守るときはしっかりサイド・バイ・サイドの陣形をつくってすきをなくそう。

## STEP 1　2対1のプッシュ&レシーブ

| 人数 | 3人 | 回数 | 1回 |
|---|---|---|---|
| コート | 全面 | 時間 | 5分 |

練習相手のプッシュから始めて、練習者はひたすらそれをレシーブする。

### Point　さまざまなコースにレシーブ

1. 練習者1人対練習相手2人で打ち合う。
2. 練習者はコート中央よりややうしろに立ち、サイド・バイ・サイドになった練習相手のプッシュをレシーブする。このとき、ストレートとクロスを打ち分ける。
3. 練習者は、ほかの立ち位置でも練習する。

---

## STEP 2　2対1の半面レシーブ

| 人数 | 3人 | 回数 | 1回 |
|---|---|---|---|
| コート | 半面 | 時間 | 5分 |

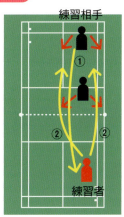

練習相手の攻撃から始める。2対1なので鋭い攻撃がくるが、しっかり守る。

### Point　甘い攻撃を見逃さない

1. 練習者1人対練習相手2人で打ち合う。相手はトップ&バックの陣形になる。
2. 練習相手は前衛と後衛ともにスマッシュやプッシュ、ドライブで攻める（①）。
3. 練習者は、相手の攻撃が甘かったら、前衛のサイドをつくショット（②）を打って、攻撃に転じるすきを探す。

---

## STEP 3　3対2の全面レシーブ

| 人数 | 5人 | 回数 | 1回 |
|---|---|---|---|
| コート | 全面 | 時間 | 5分 |

練習者は、1球ごとに立ち位置をかえる。攻撃してくる相手選手を頂点にした二等辺三角形をつくる位置だ。

### Point　1球ごとに立ち位置をかえる

1. 練習者2人対練習相手3人で打ち合う。
2. 攻められ続ける場面を想定し、練習相手にスマッシュやプッシュ、ドライブを打ち続けてもらう。
3. 練習者2人は、サイド・バイ・サイドになり、レシーブする。相手が打つ位置によって、1球ごとに立ち位置をかえる。

## 14 ダブルス

### サイド・バイ・サイドの守りをくずす
# 「攻めるきっかけ」をつくる

試合のレベルが上がるほど、ただ攻めているだけでは点が決まらなくなる。相手の守りをくずし、効果的に攻めが決まる場面をつくっていこう。

相手がサイド・バイ・サイドになっているときは、守りをかためやすいので、いくら攻めても決まりにくい。そこで相手の陣形をくずすために使うショットがドロップだ。ドロップで相手を前に動かし、チャンスをつくろう。

対戦相手はドロップを返したあと、サイド・バイ・サイドに戻るためにうしろに下がる。この戻り際にスマッシュを打つのだ。戻り際に強い球を打たれると、十分な体勢が整っておらず、返球が甘くなる可能性が高い。ただし、ドロップを打つときは、ネットから浮くと逆に攻撃されてしまうので気をつけよう。

## STEP 1　スマッシュとドロップのノック

| 人数 | 2人 | 回数 | 1回 |
|---|---|---|---|
| コート | 全面 | 時間 | 5分 |

「攻めるきっかけ」をつくるためには、スマッシュを打つと見せかけて、ドロップを打つ必要がある。スマッシュ2割、ドロップ8割のつもりで練習する。

### Point どこからでも打ち分ける

1. 練習者と球出し役がネットをはさんで立つ。球出し役はフォア奥、バック奥へシャトルを出す。
2. 練習者は、フォア奥、バック奥から、☆印の地点へのドロップと、✕印の地点へのスマッシュを打ち分ける。

## STEP 2　ドロップでくずすパターンをおぼえる

| 人数 | 4人 | 回数 | 1回 |
|---|---|---|---|
| コート | 全面 | 時間 | 5分 |

ドロップだけでなく、カットも交ぜると相手を効果的に前後にゆさぶることができる。

### Point ロブをなるべく早くとらえる

1. 2人ずつコートに入り、練習者2人は、トップ＆バック、練習相手2人はサイド・バイ・サイドの陣形になる。
2. 練習者の後衛はドロップ（①）を打ち、相手がロブ（②）を打ってきたら、後衛はできるだけ早くとらえて、相手の戻り際にスマッシュ（③）を打つ。

## VARIATION　ドロップを打ったあとは、すぐ次の攻撃を準備する

　STEP2で後衛はドロップでしかけたあと、すぐにスマッシュを打てるように体勢を整えておこう。必ずしも相手がロブを上げてくるとは限らないが、もしロブが来たら、できるだけ早く攻撃することでチャンスが広がる。
　一方、前衛は、後衛のドロップに対して、相手がヘアピンを打ってくる場合に備えておくとよい。チャンスがあれば、とび込んでプッシュをたたき込んでもよいだろう。

# 15 ダブルス

## 速い展開や守りの場面を設定して試合をする
## 特別な状況でのゲーム練習

わざと展開が速くなる状況をつくったり、使えるショットを限定したり、実際の試合ではありえない状況をつくって、ゲーム練習をしてみよう。

　基本のショットを身につけるときや、基本の勝ちパターンをおぼえるときは、どこにシャトルが来て、どこに返すかをあらかじめ決めてあるノックやパターン練習をすることが多い。しかし、バドミントンは、相手の裏をかいて、対応を遅らせることが勝ちにつながる。そのためには変則的な試合形式での練習が必要だ。

　自分が苦手な場面をわざとつくってゲーム練習をすることもできる。例えば、ダブルスではロブをなるべく打たず、低く速く打ち合う展開も多い。そうした課題の場面をつくって苦手を減らし、得意なところを伸ばそう。

## STEP 1　コートを限定し、低空戦で試合をする

| 人数 | 4人 | 回数 | 1回 |
|---|---|---|---|
| コート | 一部 | 時間 | 10分 |

オレンジ色の部分以外はアウトにして試合をする。ラケットを大振りするとバックアウトになりやすいので、小さく、するどく振ろう。

### Point　ロブなしで打ち合う

1. ダブルスの試合をする。ただし、ショートサービスラインから前と、ダブルスのロングサービスラインよりうしろを使ってはいけない。
2. この広さに限定すると、ロブを使うとすぐに攻められてしまうので、できるだけシャトルを上げないようにする。

---

## STEP 2　3対3でラリー展開が速い試合をする

| 人数 | 6人 | 回数 | 1回 |
|---|---|---|---|
| コート | 全面 | 時間 | 10分 |

3人ずつで試合をすることで、ラリー展開を速くする状況をつくる。

### Point　速い展開に慣れる

1. コートに3人ずつ入り、後衛が2人、前衛が1人で試合をする。
2. 後衛は速い球を打ち、前衛はできるだけネット前に球をさわりにいく。
3. 後衛2人は相手のコートの空きスペースを見つけて攻め続ける。

---

## STEP 3　サービス権を固定して試合をする

| 人数 | 4人 | 回数 | 1回 |
|---|---|---|---|
| コート | 全面 | 時間 | 10分 |

レシーバー側は、サービスまわりで有利になるコースどりやショットを考えながら打つ。

### Point　サーバー側で得点する

1. ダブルスの試合をする。ただし、サービス権があるのは片方のペアのみとし、もう一方のペアはサービスレシーブのみ行う。
2. 試合では連続ポイントをしないと勝てない。サービス権をもっている状態からでも点をとれるようにしよう。

第2章　ゲームを想定した実戦・練習メニュー

**コラム**

# バドミントンの歴史を知ろう!

バドミントンがいつ、どこで始まったかは、プレーする人にとって興味深いことではないだろうか。ぜひ、バドミントンの歴史を知っておこう。

## バドミントンはイギリスで始まった

　日本に羽子板で羽根をついて遊ぶ「羽根つき」があるように、世界のあちこちに羽根つき遊びはあった。アジアはもちろん、アメリカ大陸やヨーロッパ大陸など、いたるところにだ。

　いまのバドミントンに直接関係している遊びは、イギリスで始まったといわれている。19世紀、イギリスには「バドミントンハウス」と呼ばれる屋敷があり、貴族たちはコルクに羽根を差し、ラケットでついて遊んだという。

　そんな遊びが「バドミントン」へと変わったのは、19世紀後半のこと。1893年にイギリスでルールが整備され、1899年には統一ルールのもと、第1回の全英選手権が行われている。この全英選手権は、いまでも続いている大会だ。1977年に世界選手権が始まる前までは、世界のトップ選手にとって、一番大きな大会だった。

　そしてオリンピックでは、1972年ミュンヘン大会、1988年ソウル大会で公開競技として実施され、1992年バルセロナ大会で正式競技となった。

## アジアに強い国が集まる

　バドミントンは、ヨーロッパではデンマークが強いが、他の強い国はアジアに集まっている。例えばインドネシアとマレーシアは、バドミントンを国技としていて、バドミントン選手は日本でいえば野球選手のようなスター的存在。愛好者も多く、街中のあちこちに野外のバドミントンコートがある。相手をびっくりさせるようなコースに打ってくる、フェイントが得意な選手がとても多い。

　また、中国は、大きな世界大会のタイトルを一番多く持っている。恵まれた身体能力を持った選手がたくさんいて、きれいなフォームでシャトルを上手に打ち分ける。世界大会の舞台に出てくるようになったのは1982年からと比較的遅いが、女子を中心に強い選手がそろっているのが特徴だ。

## 日本はどんどん強くなっている

　では、日本はというと、1970年代に女子が世界で活躍したが、その後低迷し、2010年ごろまでは中国をはじめとする強豪国を追いかける存在だった。しかし、ジュニア強化策などが実を結び、2012年ロンドン・オリンピックで女子ダブルスの藤井瑞希／垣岩令佳が銀メダルを獲得。4年後のリオデジャネイロ・オリンピックでは、女子ダブルスの髙橋礼華／松友美佐紀が金メダルを手にした。

# 第3章
# 試合に勝つための作戦

# 01
## 試合前対策

実戦感覚を徹底的に身につける
# 試合前の練習

試合が近づいたら、試合に近い実戦的な練習をするべきだ。ゲーム練習の中で、新しく習ったことが使えるのか確かめ、苦手なことがないか見つけよう。

## ① ゲーム練習で実戦感覚を養う

どのチームでも普段は、一人ひとりがコートの全面を使う練習は難しいはずだ。限られたコート数で全員が練習できるように、ノックやパターン練習に時間を割いて、ショットの質をみがき、点を取りやすいパターンをおぼえているチームが多いだろう。

そうすると、コート全面を使ってラリーを組み立て、相手をくずす方法をおぼえられる機会は少ない。しかし、試合前には必ずコート全面でシャトルを打ち、これまで身につけた技術を実戦で使えるようにしてほしい。それが試合前に行うゲーム練習だ。

本当の試合のつもりで緊張感を持って行い、新しく身につけたショットやパターンを積極的に試して、実戦で使えるように仕上げていこう。

## 2 ミスを減らす&課題を見つける

ゲーム練習で克服すべき課題を見つけたら、ノックなどで部分練習をするとよい。

　ゲーム練習をしていると、繰り返し同じミスをしていることに気づくときがある。試合ではミスの数が試合の勝敗を分けることも多いので、もし、よくあるミスを見つけたら、克服するための部分練習に取り組もう。

　また例えば、相手のスマッシュをストレートにしか返せないといった、個人の課題が見つかったとする。この場合、もし試合で相手にこの弱点を読まれたら、相手はスマッシュのあと、前につめ寄ってさらに攻撃をしかけてくるはずだ。こうした課題を見つけたときも、すぐに克服する練習をしよう。

## 3 先輩に応援を頼む

　試合前に、学校を卒業した先輩に練習に来てくれるよう応援を頼もう。先輩に相手をしてもらえば、普段よりも速い球に慣れることができ、自分にはなかった戦術もおぼえられる。もちろん試合が終わったら、先輩にアドバイスをもらうとよいだろう。

---

### コーチからの熱血アドバイス

#### 大会前は疲れがたまるような練習はしない

　大事な試合にピークを合わせるには、1週間前から練習で疲れを残したり、ケガにつながりやすい練習をしたりしないようにする。例えば、練習時間を短くしたり、激しい練習をひかえたりするとよいだろう。体力づくりより、技術や戦術を見直す練習のほうがよい。ゲーム練習でいえば、試合直前に1日4～5試合もするのはよくない。

　多少、体が痛かったり、疲れがたまっていたりしても、自分を追い込みすぎてしまう選手がいる。そういった選手はなるべく練習をおさえた方がよいが、何もしないと不安になるので、軽い練習にとどめるようにしよう。

第3章 試合に勝つための作戦

# 02 試合前対策

## 試合で体がよく動くための準備をする
# コンディションを整える

いよいよ今日は大事な試合！　そうなったら、体がよく動くように調子を整えておく必要がある。コート外でも勝つための過ごし方を考えよう。

## 1 食事をしっかりとる

**おすすめの食事メニュー**
【朝にとりたい食事】
○ おにぎり　うどん　そば　パスタ　じゃがいも　もち
【試合中にとりたい食事】
○ バナナ　エネルギーゼリー　カステラ　ようかん
【試合開始直前にとりたい食事】
○ チョコレート　アメ
【試合前には向かない食事】
✕ とんかつ　ステーキ　魚のさしみ

試合で力を発揮するために、食事は絶対に欠かせない。朝食を食べるのが苦手という人もいるだろうが、消化時間のことを考えて、試合開始の約3時間前には食事をすませておこう。その際、消化の悪いあぶらものや、食中毒を起こしやすい生ものは避け、ごはんやパンなど、糖質中心の食事をする。

1日に試合がいくつもあるときは、あらかじめおにぎりやバナナ、めん類、あげ物の入っていないパンなど、手軽に食べられて、胃にもたれないものを用意しておくとよい。勝ち進んで疲れがたまると食欲がなくなるので、ゼリー飲料なども便利だ。試合開始直前には、チョコレートやアメを1つ食べておくと、すぐエネルギーになる。

試合後は、筋肉の疲労回復と修復のために、ビタミンやミネラルをふくんだくだものや、タンパク質の多い牛乳をとるとよい。夕食は、よい睡眠をとるために、ねる3時間前にはすませたい。

## 2 こまめに水分補給をする

試合中は水分をしっかりとること。特に夏場は、体育館を閉め切って試合をすることが多く、熱中症になりやすい。のどがかわいてからがぶ飲みするのでは遅いので、汗をかいた分を補給するつもりで、こまめに飲むこと。練習のときから水分補給のタイミングや飲む量を意識していれば、試合でも自然と実践できる。普段からこまめに飲むことを習慣にしよう。

## 3 体を休める場所を確保する

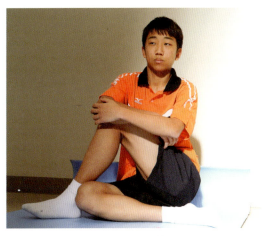

施設によっては空きスペースを利用できないこともある。事前に使用ルールを確認しておこう。

大会では、強くなるほど1日の試合数が増えてくる。次の試合に備え、少しでも疲れをとった方がよい。そこで、体育館の使用ルールの範囲内で、体を休める場所を先に確保しておくことが大切だ。

試合の合間にストレッチやアイシングなどを行い、体を回復させて次の試合に臨もう。夏場であればシャワールームを利用して、試合後に体を冷やすのもよいだろう。

## 4 疲れをとってねる

試合が終わって自宅や宿に帰ったら、しっかり食事をし、翌日の試合に備えて、疲れを残さないようにする。宿に水風呂があれば、熱めのお湯と交互に出たり入ったりを繰り返す、温冷交代浴をするとよい。温冷交代浴には、筋肉にたくさんの血を流して、ほぐす効果がある。そういった施設がない場合には、シャワーで熱いお湯と冷たい水を交互に浴びよう。ねるときは、夏場であればクーラーの設定温度を調整して体を冷やしすぎないようにし、睡眠を7時間以上とるようにする。

**03** 試合直前対策

どんな相手とどんな状況で試合をするかを知る
# 試合に入る前のチェック

試合に入る前に、体育館の状況やコートのプレーのしやすさ、相手のプレースタイルをチェックしておこう。少しでも有利な情報を集めることも作戦だ。

## ❶ プレーしやすいエンド（→P.125）をチェックする

### 試合前におけるコートのチェック項目

**①壁はどちらにあるか**
➡ 壁と向かい合うエンドはシャトルが見えやすい。

**②風はふいているか**
➡ 縦風がふいていたら、どちらのエンドに入ったときに風上・風下になるか。横風だったら、どちらのサイドに打ったとき、アウトになりやすいか。

**③天井のライトが目に入らないか**
➡ ライトの光が目に入って、シャトルが見えにくくなる角度はないか。

バドミントンでは試合を始める前にトスを行い、勝ったほうが次の①か②のどちらかを選べる。負けたほうは残りを選ぶことになる。
　①最初にサービスをするか、レシーブをするか。
　②試合開始のとき、どちらのエンドを選ぶか。
　そのため、エンドを選ぶことになった場合に、どちらを選んだほうが試合を進めやすいかをあらかじめ考えておくとよい。

　例えば、プレーしやすいエンドを1ゲーム目で選んで、ねらい通り先制できれば勢いがつく。2ゲーム目を選べば、最終ゲームにもつれたとき、試合の後半でプレーしやすいコートになり、多少、安心して試合を進めることができるだろう。
　実力差があれば、あまり関係のない話だが、集めた情報は試合を進める上でも役立つはずだ。

## 2 シャトルをチェックする

試合ではさまざまなメーカーのシャトルが用意される。自分の試合が始まるとき、どのメーカーのシャトルが使われるか確認しておく。

同じスピード番号のシャトルでも、メーカーによってとび方に個性があるので、試合ごとにプレーを微調整する必要がある。普段から1メーカーだけでなく、さまざまなメーカーのシャトルで練習しておくと、試合であわてずにすむ。

## 3 相手のプレースタイルを分析する

### 試合前における対戦相手のチェック項目
①相手のきき腕は？
②攻撃型か守備型か？
③前衛役と後衛役はどちらか？（ダブルス）
④サービスはどのコースが多いか？
⑤サービスレシーブはどのコースが多いか？
⑥フォア奥、バック奥からどんなショットを打てるか？
⑦ネット前でどんなショットを打てるか？
⑧ミスが出やすい場所はあるか？
⑨連続得点をしているとき、どんなプレーだったか？
⑩競った場面で、どんなプレーをしたか？

試合前に対戦相手がどんなプレースタイルかわかっていると、どんなふうに戦うか対策を立てやすい。右にあげる項目をチェックし、頭に入れておこう。

ただし、実際に相手と打ち合ってみると、人づてに聞いたことや、自分の見た印象と違っていることも多い。その場合は、臨機応変に戦い方をかえていく必要がある。自分の考えにこだわりすぎないことも大切だ。余裕があれば、試合の序盤で相手にわざと攻撃させるなどして、どんなショットを持っているか、確かめてもよいだろう。

試合中対策

主導権を握ってプレーを立て直す
# 試合中のポイント

うまく展開している試合でも、簡単なミスで相手に主導権が渡ってしまうことがある。主導権を握り続ける方法を考えておこう。

## ① サービスまわりでミスをしていないか

1回ミスをすれば1点を失う。10回ミスすれば、10点を相手にあげたのと同じだ。試合では1回のミスをおろそかにしてはいけない。

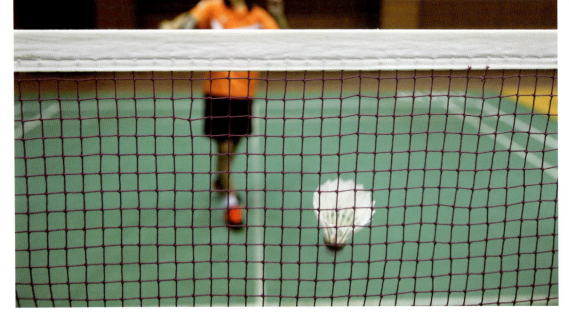

サービスをしたあと、自分からミスをしてすぐにラリーを終わらせてしまっていたら要注意だ。サービスをのぞいて、最低でも3〜5回くらいさわるまで簡単にミスをしてはいけない。

もしサービスまわりでミスが多いと感じたら、勝ち急いでいないか、自分を振り返ってみよう。コントロールできる範囲で打たないといけないのに、自分の技術以上にライン際をねらったり、ラリーをつなぐべきところで無理やり決めにいって、ミスをしたりしていないか考えてみる。

試合では、練習ではできたこともできなくなる。まして普段できないことが突然できるようにはならない。いつもの自分ができることで勝負しよう。

## 2 インターバルを有効に使う

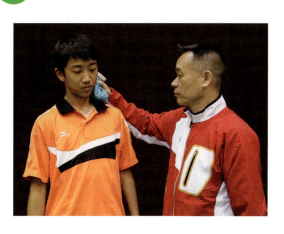

ゲームとゲームの間にはインターバルがある。この時間は、自分の試合を見直すチャンスだ。指導者がベンチに入っていれば、自分では気づかないアドバイスを送ってくれるはずだ。

もし1人のとき、流れが悪かったら、次のことをチェックしてみよう。

### 流れが悪いときのチェック項目
① 普段できていることはできているか。
② 緊張しすぎていないか。
③ 相手に合わせず、自分がしたいプレーだけをしていないか。
④ 調子が悪いプレーにこだわっていないか。
⑤ 冷静に相手の長所・短所を見ているか。
⑥ アウトミスは風が原因ではないか。
⑦ 打点が低いのに決め急いでいないか。
⑧ クリアーやロブが浅くなっていないか。

## 3 主導権を握る

競っているとき、サービスをネットにかけたり、簡単なミスをしたりしてしまうと相手に流れがいってしまいやすい。また、長いラリーを制し、流れが自分に傾きかけているとき、次のラリーでイージーミスをしたらもったいない。流れを引き寄せるためには、簡単なミスをしないことが大切だ。

また、自分の間合いでサービスを打ち始めるなど、リズムをつくって試合を進めると、主導権を握りやすくなる。相手側のリズムに簡単に合わせないことだ。

逆に自分がリードしているとき、相手はシャトルをかえようとしたり、給水や汗をふく時間をとりたがるかもしれない。それが本当に必要な行為ならかまわないが、もし流れをかえるためや、時間をかせぐためなら、遅延行為でルール違反にあたる。見習うべきではない行為だということもおぼえておこう。

**コラム**

# 感謝の気持ちを忘れずに

プレーするうえで決して忘れてほしくないのが、感謝の気持ちだ。自分がバドミントンをできるのは、周囲の支えがあってこそだと理解してプレーしてほしい。

## 対戦相手がいるからバドミントンができる

バドミントンは個人競技と呼ばれるが、本当に1人や2人でやるスポーツなのかというと、そうではないだろう。試合では、ネットをはさんで戦ってくれる対戦相手がいて、はじめてバドミントンを楽しめる。練習に関しても、基礎打ちをしてくれるパートナーや、上達するようにノックをしてくれる球出し役がいるから練習ができるのだ。

こうして考えていくと、ジャッジをしてくれる審判員がいるから、安心して試合に集中できるのだし、体育館だって、ふだん管理してくれる人がいるから練習できることにも気づく。もちろん、保護者の支えも大きい。食事の用意はもちろん、練習が遅くなれば、迎えにきてもらうことだってあるだろう。

つまり自分がバドミントンをするということは、自分ひとりの力ではなく、常に誰かのお世話になっているということだ。

## 勝ち負けよりも大切なことがある

しかし、競技の世界にいると、ついつい気持ちが勝ち負けにとらわれがちになる。なかには戦況が悪いと、相手にシャトルを乱暴に投げて返したり、不服なジャッジをした審判員に威圧的な態度をとったりする選手もいる。

そういった態度は、自分の勝ちたいという気持ちだけが優先されている証拠であり、見ている人にとって気持ちのいいものではない。もし、周囲への感謝の気持ちがあれば、そんな態度はとれないはずなのだ。

## 応援される選手に

もちろん勝ちにこだわることはいいことだ。しかし、勝ち負けよりも大切にしないといけないこともある。それは、相手を敬い、感謝を決して忘れないでコートに立つ心だ。その心をスポーツマンシップと呼ぶ。

スポーツマンシップを実践している選手には、おのずと応援してくれる人が増えるものだ。それが新たな支えとなり、いっそう強くなることも多い。せっかくバドミントンを始めたのだから、コートの中でも外でも多くの人に応援される選手になろう。

# 第4章
# トレーニング

# 01 ウォームアップ

## バリスティック・ストレッチで体を温める①
## 股関節のウォームアップ

近年、いろいろな競技でウォームアップに取り入れられているバリスティック・ストレッチと呼ばれる柔軟体操で、練習前に体を温めよう。

### 股関節引き上げ

背すじを伸ばして腕を胸の前に伸ばし、両手を組む。右ひざを胸まで引き上げたら、足を大きく前に踏み出す。両手を組んだままシャセ（→P.56）を1回入れて前進する。左側も同様に行う。同じ動きを繰り返しながら、前に進む。

| 部位 | 股関節 |
|---|---|
| 回数 | 1往復 |
| 距離 | 3～5コート分 |

### 股関節伸ばし

右足のかかとを大きく前に振り上げ、左手でつま先をさわる。その後、3歩歩き、左側も同様に行う。同じ動きを繰り返しながら、前に進む。

| 部位 | 股関節 |
|---|---|
| 回数 | 1往復 |
| 距離 | 3～5コート分 |

## 股関節まわし

両腕を左右に水平に伸ばす。右ひざを横に上げ、股関節を広げたまま前に戻す。腕を伸ばしたままシャセを1回入れて前進する。左側も同様に行う。同じ動きを繰り返しながら、前に進む。

| 部位 | 股関節 |
|---|---|
| 回数 | 1往復 |
| 距離 | 3〜5コート分 |

---

## 股関節まわし（伸脚）

両腕を左右に水平に伸ばす。ひざをまっすぐにしたまま、右足を体の横に伸ばし、そのまま前へ大きく回す。腕を伸ばしたままシャセを1回入れて前進する。左側も同様に行う。同じ動きを繰り返しながら、前に進む。

| 部位 | 股関節 |
|---|---|
| 回数 | 1往復 |
| 距離 | 3〜5コート分 |

## 02 ウォームアップ

### バリスティック・ストレッチで体を温める②
# 全身のウォームアップ

ウォームアップにはケガの予防と、よい動きをするための準備というふたつの意味がある。体のどこを動かしているか、しっかり意識しよう。

### 腰伸ばし

組んだ両手を頭の上に伸ばす。そのまま右足を大きく前に踏み出してひざを曲げ、体の重心を下げる。その状態のまま、上半身を右に1回倒す。立ち上がったら、腕を下ろして3歩歩き、左側も同様に行う。

| 部位 | 腰・全身 |
| --- | --- |
| 回数 | 1往復 |
| 距離 | 3〜5コート分 |

### 肩まわし

両腕を水平に伸ばし、右腕を前向きに、左腕をうしろ向きにひねる。そのまま右足を大きく前に踏み出してひざを曲げ、体の重心を下げる。同時に右腕をうしろ向きに、左腕を前向きに回す。立ち上がったら、腕を下ろして3歩歩き、左側も同様に行う。このとき、右手と左手の回転を逆にする。

| 部位 | 肩・股関節 |
| --- | --- |
| 回数 | 1往復 |
| 距離 | 3〜5コート分 |

# 肩伸ばし

右足を大きく前に踏み出してひざを曲げ、体の重心を下げる。同時に右手を上げ、左手を下げる。左側も同様に行う。どちらでやるときも、下げた手は手のひらをうしろに向ける。

| 部位 | 肩・股関節 |
| --- | --- |
| 回数 | 1往復 |
| 距離 | 3〜5コート分 |

第4章 トレーニング

### チーム全体でのストレッチ

ストレッチはチーム全体で行うと、団結力を高めることにもつながる。

## コーチからの熱血アドバイス

### ストレッチを使い分けよう

バリスティック(動的)・ストレッチは反動やリズムをつけて筋肉を伸ばす柔軟体操のことだ。テレビのスポーツ中継などで、選手が試合の前にこの運動をしているのを見かけた人もいるだろう。この本では股関節回りを中心に紹介したが、どの運動も肩や腰、足首などの柔軟性アップをかねている。

以前はウォームアップといえば、ゆっくり筋肉を伸ばすスタティック(静的)・ストレッチ(→P.116)をさした。しかし、最近はそれを運動前に行うと体がリラックスしてしまい、運動に必要な反応速度がにぶくなるといわれている。スタティック・ストレッチは運動したあと、疲れを軽減するためのクールダウンに向いている。ふたつのストレッチを目的によって効果的に使い分けよう。

## 03 足腰強化

### プレーの動きをよくする
# すばやく動くためのステップ

とっさにいろいろな方向へ動いて打つのがバドミントンの特徴だ。すばやく動くためのステップ練習を取り入れよう。

### 2ステップ前進&1後退

両足を肩幅よりやや広げたまま、両足ジャンプで2回前進したあと、1回後退する。これをなるべく速く行う。

| 回数 | 2往復 | 距離 | 3〜5コート分 |

### 2ステップ前進&1後退（サイド）

進行方向に対して横になり、サイドステップで2回進んだあと、1回戻る。これをなるべく速く行う。反対側も同様に行う。

| 回数 | 2往復 | 距離 | 3〜5コート分 |

## もも上げ

| 回数 | 1往復 | 距離 | 3～5コート分 |

背すじを伸ばし、右ももと左ももを交互に高く、すばやく上げながら前進する。

## 小刻みステップ

| 回数 | 1往復 | 距離 | 3～5コート分 |

両足を肩幅よりやや広げて、小刻みに足踏みしながら前進する。

## ジャンプ&ダッシュ

足を胸につけるように高く上げる

サイドライン付近で両手を前に伸ばしてうつぶせになる。補助者の合図があったら、できるだけ速く立ち上がり、①胸に足をつけるようにジャンプ、②右1回転しながらジャンプ、③左1回転しながらジャンプする。その後は3～5コート先のサイドラインまで全力で走る。

| 回数 | 2往復 | 距離 | 3～5コート分 |

第4章 トレーニング

**筋力アップ**

プレーを支える体づくりをする
# 体幹の強化

シャトルをとるとき筋力が弱いと、前のめりになったり、うしろにあおられたりする。強いショットを打つにも筋力は必要だ。無理のない回数でやろう。

## 仰向け足上げ

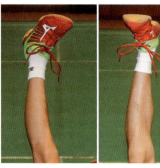

つま先を内側へ　　つま先を外側へ

床に仰向けになり、ひざを伸ばしたまま片方の足を上げて下げる。次につま先を内側に向け、足を上げて下げる。つま先を外側に向けても行う。これら3つの動きを1回とする。反対の足でも行う。

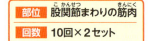

部位　股関節まわりの筋肉
回数　10回×2セット

## 横向き足上げ

つま先を下へ　　つま先を上へ

床に横向きになり、ひざを伸ばしたまま片方の足を上げて下げる。次につま先を下側に向け、足を上げて下げる。つま先を上側に向けても行う。これら3つの動きを1回とする。反対の足でも行う。

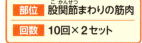

部位　股関節まわりの筋肉
回数　10回×2セット

## 上体起こし

ひざを立て、両腕をまっすぐひざのほうに伸ばす。手のひらでひざをこするように、上体を起こし、元に戻る。

| 部位 | 腹筋 |
|---|---|
| 回数 | 30回 |

---

## うつぶせバランス

うつぶせになり、肩幅よりやや広げた両手と、両足を閉じたつま先で体を支える(30秒)。その後、右腕をまっすぐ前に伸ばして止まり(15秒)、元に戻す。反対の腕も同様に行う(15秒)。

| 部位 | 腹筋・腕 |
|---|---|
| 回数 | 3回 |

---

## 横向きバランス

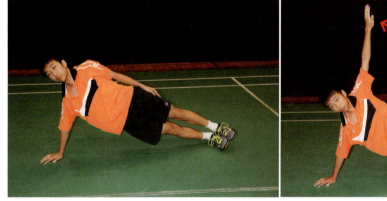

横向きになり、ひじを伸ばした右手と右足側面で体を支える(30秒)。その後、左手と左足を上に伸ばして止まり(15秒)、元に戻す。反対側も同様に行う。

| 部位 | 腹筋・足 |
|---|---|
| 回数 | 3回×左右 |

第4章 トレーニング

# 05 クールダウン

## スタティック・ストレッチで疲れをとる
# 全身のクールダウン

体を激しく動かしたあとは必ずクールダウンをしよう。おろそかにしがちだが、疲れを残さないようにすることも大事なトレーニングだ。

### わき伸ばし

頭の上で両ひじを曲げ、右手で左ひじをつかみ、右に伸ばす。反対側も同様に行う。その状態で静止する。

- 部位　わき・上腕
- 回数　20秒×左右

### 肩伸ばし

ひじを伸ばした右腕を左肩に回し、左腕で抱えて体に引き寄せる。反対側も同様に行う。その状態で静止する。

- 部位　肩・上腕
- 回数　20秒×左右

### ひざ裏伸ばし

体のうしろで両手を組み、そのまま前傾姿勢になる。その状態で静止する。

- 部位　肩・ひざ裏
- 回数　20秒

### 背中伸ばし

両手を横に広げ、前傾姿勢になる。そのまま右手で左足のつま先にさわる。その状態で静止する。反対側も同様に行う。

- 部位　背中・上腕
- 回数　20秒×左右

## 腰伸ばし

床に正座をする。体の前に両手をついて腰を後方に引き、できるだけ伸ばす。その状態で静止する。

| 部位 | 腰 |
|---|---|
| 回数 | 20秒 |

## 前屈

床に足を伸ばして座り、上半身を前に倒す。できるだけつま先をつかむ。その状態で静止する。

| 部位 | 足の裏・お尻 |
|---|---|
| 回数 | 20秒 |

## 太もも前伸ばし

床に足を伸ばして座り、左ひざだけを正座するように曲げる。上半身の重心をややうしろに傾ける。その状態で静止する。反対側も同様に行う。

| 部位 | 太ももの前 |
|---|---|
| 回数 | 20秒×左右 |

## 太もも裏伸ばし

仰向けになり、右ひざを曲げておなかの上で抱える。その状態で静止する。反対側も同様に行う。

| 部位 | 太ももの裏 |
|---|---|
| 回数 | 20秒×左右 |

## 腰ひねり①

仰向けになり、右ひざを曲げて体の左側に回す。顔は右に向けたままにする。その状態で静止する。反対側も同様に行う。

| 部位 | 腰 |
|---|---|
| 回数 | 20秒×左右 |

## 腰ひねり②

あぐらをかき、右ひざを立てる。そのまま右足を左太ももの外側に移動する。右ひざを左腕で抱え、右手は左ひじを持つ。その状態で静止する。反対側も同様に行う。

| 部位 | 腰 |
|---|---|
| 回数 | 20秒×左右 |

第4章 トレーニング

# 勝つための
# チーム環境づくり

## 1 練習環境を十分に生かす

部員数に対してコートの数が少ない、もしくはコートを使えない日があることでなやんでいるチームは多い。しかし、そんな中で結果を出しているチームもある。限られた環境でも、工夫次第で強くなる方法は必ずある。

### ①コートが少ないとき

コートに入れない選手は、空きスペースを使ってできることを探そう。

毎日、コートを使って練習できれば問題ないが、それはなかなか難しい。しかし、コートが使えなくても、まわりを見渡してみれば、ろう下や壁、グラウンドなど、利用できるところがあるはずだ。練習環境はすぐにはかえられないが、アイデアを出し合って、よい練習をしよう。

### コートが少ないときの練習メニュー

**【ろう下を使う】**
- ひもを張ってサービス・ヘアピン練習
- 2人組でドライブ練習

**【壁を使う】**
- 素振り
- 壁打ち
- ネットの高さをテープではってサービス練習

**【屋外を使う】**
- フットワーク練習
- 素振り
- 地面にラインをかいて練習
- 体力トレーニング

## ②多くの選手が練習するとき（ノックのコツ）

ノックは人数が多いときの効率的な練習だ。練習目的や問題点を共有できる利点もある。

コートの数に対して部員の数が多いときは、たくさんの人が練習できるノックをするとよいだろう。ノックには、ショットやフットワークのフォームをかためたり、試合の中でよくあるパターンを身につけたりできるといった利点がある。バドミントンの動きにあった体力づくりも可能だ。

ノックをするときは、どんな練習目的があるのか、練習者がきちんと理解して行うこと。目的を持たずに打っているのではうまくならない。

### 勝つためのチーム環境づくり

### ノックを上げるときの注意点

【初心者は球出し役をやらない】
　ノックは、練習目的に合わせて球出し役がシャトルを出すが、初心者では練習目的に合った正確な球出しは難しい。

【ノックの方法は2種類】
　ノックには、手にシャトルを持って投げる方法と、ラケットで打ってシャトルを出す方法の2種類がある。手で投げるときは、コルクを指でつかみ、紙飛行機をとばすように投げること。そうすると、練習者が打つとき、ラケットで球出しされたときと同じ感覚で打つことができる。

【練習者の正面に立たない】
　ノック中にシャトルが球出し役の目に当たると危ない。球出し役は練習者の正面には決して立たない。練習者が右ききの場合は、なるべく練習者の右側に立つこと。

【タイミングよく変化をつけて投げる】
　実際に打ち合っているのと同じタイミングで球出しをする。最初は規則的なリズムで行い、慣れてきたらリズムに変化をつける。

球出し役は監督（かんとく）や上級者にお願いしよう。

# 2 目標を設定して<br>チーム力を上げる

選手は、目標を持つとぐんぐん成長していくもの。選手一人ひとりが目標を明確にすれば、チーム全体の実力も増していく。全員が目標を達成し、勝つ喜びを知ろう。

## ①一人ひとりが目標を持つ

**目標達成までのステップ**
①最終目標を明確にする
②目標としているレベルを知る
③日々の練習での小さな目標をつくる

　チームには、初心者もいれば、団体戦のレギュラーをめざしている人、県大会への出場をめざしている人など、いろいろなレベルの人がいるはずだ。部活動では、実力の差があっても、一人ひとりが「目標を持つ」ことに意味がある。
　なぜなら、目標を持ち、達成するために日々練習し、目標を達成して勝てたときの喜びは格別だからだ。目標を達成しようという思いや、達成したときの成功体験は、バドミントン以外でも生きていく力になる。
　どんな目標を持つかは人それぞれだろう。ただ本当に実現するためには、まず目標としているレベルを体感しておこう。たとえば、「県大会出場」をイメージしていたら、県大会に出場した選手と打ってみたり、県大会を観戦したりして、そのレベルを体感しておく。そうすることで、今どんな練習をすればよいかが見えてくるはずだ。日々の練習で達成するべき小さな目標をつくることで、勝利に近づく。

## ②練習ノートをつくろう

日々の練習目標が達成できているか確認し、試合に役立てるために、日ごろから練習ノートをつけておくとよい。その日どんな練習をしたか、誰に何点で勝ったかを書くだけではなく、練習や試合で「感じたこと」を書いておくことがポイントだ。

「書かなくてもおぼえていられる」と思っていても、人は意外と忘れやすい。「感じたこと」をあとで見ると、次の目標を立てるときや試合のときに役立つ。

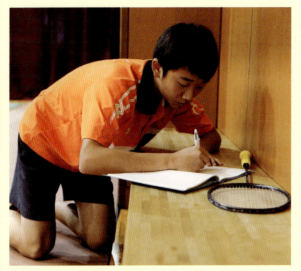
練習ノートは自分が「感じたこと」を書くのがポイント。

### ノートを書くときのポイント

**【練習後の記入ポイント】**
- 練習で学んだこと
- 見つけた課題
- 指導者に何をいわれ、何を感じたか

**【試合後の記入ポイント】**
- 相手の体の特徴
- 相手の戦術
- どこからどんなショットがきたか
- 相手の弱点
- 試合前やあとの自分の心境

## ③パートナーと意思疎通する

ダブルスは、パートナーと力を合わせて相手と戦うことにおもしろさがある。しかし、そのことを忘れ、あまりコミュニケーションを取らずにプレーしているペアがときどきいる。それでは力があっても、強い相手に勝つのは難しい。勝つためには心をひとつにして、いろいろな場面での約束ごとを自分たちの中でつくっていくことが必要だ。

試合中のミスについては、自分や相手を責めすぎて引きずらないようにする。試合後に反省はするべきだが、試合では明るい雰囲気をくずさないようにしよう。

ダブルスのペアは同じ目的に向かって、気持ちを合わせること。

### 勝つためのチーム環境づくり

# 3 用具をそろえて大切に使う

普段から用具を気にかけて大切にすることも、勝つために必要な要素だ。例えば、状態の悪いガットで試合をして、大事な場面で切れてしまい、点を失うこともある。

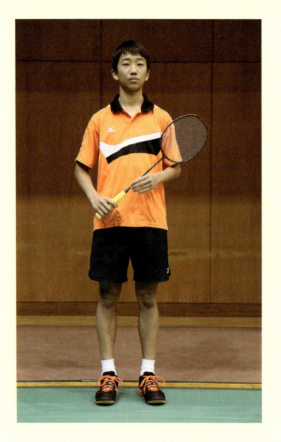

## ①試合や練習時の用具をそろえる

試合に出るときに使うラケットやウェア、シューズは、ルールで決められたものでなければいけない。試合に出るときは、検定や審査に通ったものかを確認しよう。

また、練習でも試合でも予備を持参し、いつでも交換したり、着替えたりできるようにしておく。できればシューズも一足が傷んでから買いかえるのではなく、何足かを使いまわすのが理想だ。

### コーチからの熱血アドバイス

**ラケットは絶対に投げない**

試合中、イライラしたり、負けたりすると、ラケットを投げて気持ちを発散させようとする選手がいる。しかし、これは決してやってはいけないことだ。道具への感謝の気持ちがないだけでなく、心のコントロールができていない証拠だからだ。置かれた状況を冷静に分析して、次のラリーや試合につなげよう。

## ②シャトルを大切に使う

シャトルは乾燥すると折れやすいので、冬場はぬれタオルの上に、30分くらい置いてから使うと長持ちする。

シャトルは高価な消耗品で、シャトル代に頭をなやますチームは多いはずだ。新しいシャトルはまず試合用として、少し傷んできたら基礎打ち用、さらに傷んだらノック用と使い分けよう。

シャトルは繊細で折れやすい。乾燥はもちろん、高温多湿も避ける。

# 4 救急医療品を用意し、応急処置をおぼえる

練習中や試合中にケガをしたり、体調をくずしたりしたら、病院に行ってすぐにみてもらおう。地域で相談しやすい整形外科や治療院を探しておくとよい。

## ①練習・試合のときの救急用具

練習や試合では突然、ケガや体調不良に見舞われることがある。そんなときのために必ず救急用具を備えておこう。すぐに患部や体を冷やせるように、冷却剤やクーラーボックスに入れた氷も常備しておく。

### 救急箱に用意するもの
- 伸縮テープ
- 非伸縮テープ
- キネシオロジーテープ
- アンダーラップ(テーピングする前に巻く)
- テーピングパッド(テーピング用補助材)
- ベビーパウダー(テーピング時のただれ防止)
- マッサージローション
- タオル
- ガーゼ
- 冷却剤
- 消毒薬
- 氷のう
- 体重計
- 体温計
- 温湿度計
- はさみ
- 塩または塩タブレット

## ②熱中症予防

体育館を閉め切って練習や試合をするバドミントンは、熱中症になりやすい。頭痛やけいれん、めまい等を引きおこし、ときには死に至ることもあるので注意しなければならない。

予防するためには、日ごろからこまめな水分補給や冷却を行うこと。大会中は試合ごとに体重をはかり、減った分の水分補給を行う。また選手に異常が見られたら運動を中止し、すずしいところにねかせ、水分を与えて体を冷やす。意識がないようであればすぐに救急車を呼ぶ。

## ③バドミントンで多いケガ

踏み込み動作や、ジャンプ動作が多いバドミントンでは、ひじ、ひざなどの関節の炎症やねんざが多い。ときにはアキレスけんが切れることもある。これらを予防するために、ウォームアップやクールダウンをする習慣を身につけること。筋力トレーニングでも予防はできるが、成長期の中学生はまだ体ができあがってないので、バーベルなどを使った本格的なウエイトトレーニングは必要ない。

ケガをしないことも練習のひとつだという認識を持とう。

# これだけは知っておきたい
# バドミントンの基礎知識

## コートの各部名称と長さ

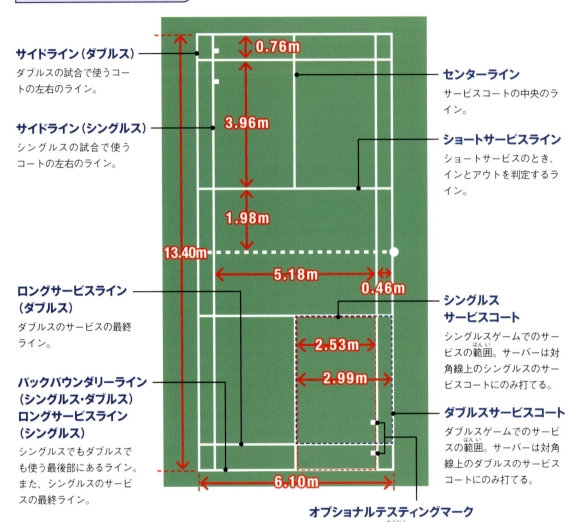

**サイドライン（ダブルス）**
ダブルスの試合で使うコートの左右のライン。

**サイドライン（シングルス）**
シングルスの試合で使うコートの左右のライン。

**ロングサービスライン（ダブルス）**
ダブルスのサービスの最終ライン。

**バックバウンダリーライン（シングルス・ダブルス）ロングサービスライン（シングルス）**
シングルスでもダブルスでも使う最後部にあるライン。また、シングルスのサービスの最終ライン。

**センターライン**
サービスコートの中央のライン。

**ショートサービスライン**
ショートサービスのとき、インとアウトを判定するライン。

**シングルスサービスコート**
シングルスゲームでのサービスの範囲。サーバーは対角線上のシングルスのサービスコートにのみ打てる。

**ダブルスサービスコート**
ダブルスゲームでのサービスの範囲。サーバーは対角線上のダブルスのサービスコートにのみ打てる。

**オプショナルテスティングマーク**
シャトルの状態を確認するためのライン。反対側のバックバウンダリーラインからシャトルを打ち、2つのテスティングマークの間に落ちたら、適正にとんでいると判断される。

## ネットまわりの名称と高さ

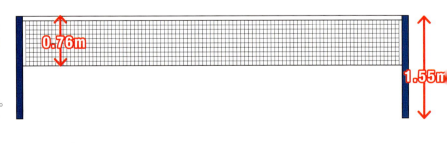

**ネット**
色の暗い15mm～20mmの細ひもでつくられた仕切り網。

**ポスト**
ネットを張るための支柱。ダブルスのサイドライン上に設置する。

## 知っておきたいバドミントン用語集

|  |  |
|---|---|
| アンダーハンド・ストローク | 下から打つストロークのこと。 |
| イースタングリップ | ラケット面が床と垂直になる持ち方。包丁握り。 |
| インターバル | 主にゲームとゲームの間の時間のこと。 |
| インパクト | シャトルをラケットに当てた瞬間のこと。 |
| インプレー | 試合中の状態。 |
| エンド | ネットを境にした一方のコートのこと。 |
| オーバーヘッド・ストローク | 肩から上で打つストロークのこと。 |
| 回外運動 | リストスタンドした状態で、前腕を内側から外側に動かすこと。 |
| 回内運動 | リストスタンドした状態で、前腕を外側から内側に動かすこと。 |
| カット | ラケットで切るようにシャトルをとらえ、ネット前に打つショットのこと。 |
| クリアー | 相手コートのバックバウンダリーラインの手前まで高くとばすショットのこと。 |
| クロス | コートの対角線方向。 |
| ゲームポイント | 各ゲームの勝敗が決まるポイントのこと。 |
| サービス | ラリーを始める第1打目のこと。 |
| サイドアーム・ストローク | 体の横で打つストロークのこと。 |
| サイド・バイ・サイド | ダブルスのフォーメーションで、左右に並ぶ守りの陣形。 |
| サムアップ・グリップ | バックハンドのとき、グリップに親指を立てて握る持ち方。 |
| シャセ | 送り足のフットワークのこと。 |
| シャトル | 水鳥の羽根などでできたバドミントン用の球。 |
| シングルスゲーム | 1人対1人で行う試合のこと。 |
| スイング | ラケットの振り方。 |
| ストリング | ラケットに張る糸のこと |
| ストレート | ネットに向かって垂直の方向。 |
| ストローク | ラケットを振るときの腕の動き方のこと。 |
| スピンネット | ヘアピンを打つとき、シャトルに回転をかけるショットのこと。 |
| 素振り | シャトルを使わず、ラケットの振り方だけを練習すること。 |
| スマッシュ | 相手コートに上から強く打ちおろす攻撃的なショットのこと。 |
| ダブルスゲーム | 2人対2人で行う試合のこと。 |
| チェンジ・エンズ | 試合中にエンドを交替すること。 |
| テークバック | シャトルを打つためにラケットを後方に引いている状態。 |
| トップ・アンド・バック | ダブルスのフォーメーションで、前後に分かれる攻めの陣形。 |
| ドライブ | ネットのすぐ上で、床と平行にとばすショットのこと。 |
| ドロップ | 相手コートのネット近くに落ちるショットのこと。 |
| ノック | 手やラケットでシャトルを出し、練習者に目的を持って打たせる練習方法。 |
| ハイバック | バック奥にとんできた高めのシャトルを、バックハンドで打つ方法。 |
| バック側 | ラケットを持っていない側。 |
| 半身 | うしろ足が打つ方向に対して垂直、前足が並行になる立ち方のこと。 |
| フォア側 | ラケットを持っている側。 |
| フォーム | 打つときの体勢のこと。 |
| フォーメーション | 陣形のこと。 |
| フォルト | 反則のこと。 |
| フォロースルー | インパクトした後のラケットの動きのこと。 |
| プッシュ | ネット前で相手のコートにたたきこむように打つショットのこと。 |
| ヘアピン | ネット前から相手のネット際に落とすショットのこと。 |
| ホームポジション | 起点となる立ち位置。 |
| マッチ | 試合全体のこと。 |
| マッチポイント | 試合の勝敗が決まるポイントのこと。 |
| ラウンド・ザ・ヘッド | バック奥にとんできた高めのシャトルを、フォアハンドで打つ方法。 |
| ラリー | 相手とシャトルを打ち合うこと。 |
| リストスタンド | ラケットと腕の角度がなるべく90度になるように、手首を立ててラケットを持つこと。 |
| ロブ（ロビング） | アンダーハンドで、バックバウンダリーラインの手前まで高く打ち返すショットのこと。 |

# 監修・学校紹介

### 監修

## 名倉康弘 監督

1958年生まれ。静岡県出身。中京大学体育学部卒業。高校からバドミントンを始め、大学卒業と同時に埼玉県松山中学校に赴任。98年、99年に埼玉県川島西中学校の女子を全国中学校大会団体優勝に導いたあと、2001年に埼玉栄中学・高等学校へ。2018年1月現在、日本バドミントン協会の強化部U16のコーチとしても尽力。

### 学校

## 埼玉栄中学・高等学校

埼玉県さいたま市にある中高一貫の私立校。「人間是宝 人は生きた資本であり、資産である」「今日学べ 勉強も仕事も明日に残さない。今日のことは今日やる」を校訓とし、一人ひとりの優れた面や成長した面を発見し、育む教育を実践している。部活動が盛んで、高校卒業後、さまざまな競技でオリンピック代表となった選手を多く輩出している。

# 制作に協力してくれた部員たち

## 埼玉栄中学校　バドミントン部

2000年の創部以来、全国屈指の実力を誇る。2017年までの間に全国中学校体育大会の男子団体で優勝7回、女子団体で優勝1回。同大会の個人戦シングルスでは4人（男子4人）、ダブルスでは9ペア（男子8ペア・女子1ペア）が優勝を果たしている。オリンピックのメダリストの育成が大きな目標だ。

| | |
|---|---|
| 編集 | ナイスク(http://naisg.com) |
| | 松尾里央　高作真紀　岸正章　尾崎惇太　鈴木英里子　谷口蒼 |
| 装丁・本文フォーマット | 大悟法淳一　大山真葵（ごほうデザイン事務所） |
| デザイン・DTP | 武中祐紀 |
| 撮影 | 柳敏彦　大賀章好 |
| イラスト | 荒木千織 |
| 制作協力 | 有限会社Imagination Creative |
| 取材・文・編集協力 | 鈴木快美 |

勝てる! 強くなる!
強豪校（きょうごうこう）の部活練習メニュー

# バドミントン

初版発行　2018年3月

監修　名倉康弘（なぐらやすひろ）

| | |
|---|---|
| 発行所 | 株式会社 金の星社 |
| | 〒111-0056 東京都台東区小島1-4-3 |
| | 電話 03-3861-1861（代表）　FAX 03-3861-1507 |
| | 振替 00100-0-64678　　http://www.kinnohoshi.co.jp |
| 印刷 | 図書印刷 株式会社 |
| 製本 | 東京美術紙工 |

128P 26.3cm NDC780　ISBN978-4-323-06497-0 C8375

©Naisg, 2018
Published by KIN-NO-HOSHI SHA Co.,Ltd, Tokyo Japan

乱丁落丁本は、ご面倒ですが、小社販売部宛にご送付ください。
送料小社負担にてお取り替えいたします。

JCOPY　出版者著作権管理機構 委託出版物

本書の無断複写は著作権法上での例外を除き禁じられています。複写される場合は、そのつど事前に
出版者著作権管理機構（電話 03-3513-6969、FAX 03-3513-6979、e-mail: info@jcopy.or.jp）の許諾を得てください。
※本書を代行業者等の第三者に依頼してスキャンやデジタル化することは、たとえ個人や家庭内での利用でも著作権法違反です。

> 勝てる!強くなる!

# 強豪校の部活練習メニュー
## 第2期 全3巻

- シリーズNDC780(スポーツ、体育)
- B5判 128ページ
- 図書館用堅牢製本
- 小学校高学年・中学生向き

全国でスポーツに励む小中学生のために、各種目の強豪校の練習方法を紹介。基本的な練習から実戦練習、筋力トレーニング、チームマネジメントまで、強くなるための方法を完全網羅。練習メニューの組み方も解説しているので、「部活を始めたばかりでどんな練習をしていいかわからない」「練習をしても試合で勝てない」などの悩みを解決できます。

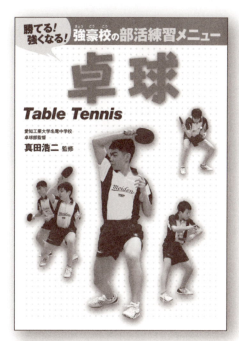

### 卓球
愛知工業大学名電中学校 卓球部監督
真田浩二 監修

「ドライブ」「ブロック」「ツッツキ」
「カット」「ストップ」「ダブルス」など

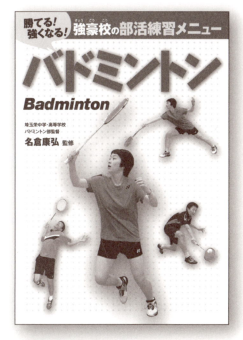

### バドミントン
埼玉栄中学・高等学校 バドミントン部監督
名倉康弘 監修

「スマッシュ」「ハイバック」「ドライブ」
「ロブ」「プッシュ」「ダブルス」など

### 水泳
日本大学豊山高等学校・中学校 水泳部監督
竹村知洋 監修

「クロール」「バタフライ」「平泳ぎ」
「背泳ぎ」「飛び込み」「ターン」など